Gertrud Kaufmann-Huber

Kinder brauchen Rituale

Gertrud Kaufmann-Huber

Kinder brauchen Rituale

Ein Leitfaden für Eltern und Erziehende

Herder
Freiburg · Basel · Wien

3. Auflage

Textverarbeitung: G. Scheydecker, Freiburg im Breisgau
Druck und Einband: Freiburger Graphische Betriebe 1996
Gedruckt auf umweltfreundlichem, chlorfrei gebleichtem Papier
ISBN 3-451-23574-9

INHALT

VORWORT

Die erste Prüfung in meinem Leben, welche ich nicht bestand, war das Examen in Ethnologie am C. G. Jung-Institut. Ich hatte mich darauf sehr sorgfältig vorbereitet und mich intensiv mit Ritualen auseinandergesetzt. Ich fühlte mich sicher. In der Prüfungssituation selber verließen mich jedoch alle vernünftigen Gedanken, nichts vom Gelernten kam mir in den Sinn, ich merkte, wie ich lauter dummes Zeug schwatzte und mich immer mehr verhedderte.

Erst viel später wurde mir klar, was mit mir geschehen war. In jener Zeit befand ich mich in einer tiefen persönlichen Krise. Ich wußte zwar viel über Rituale, konnte aber für mich kein einziges finden, das mir bei jener Prüfung hätte helfen können – mir fehlte die „Ritual-Erfahrung".

Von nun an ließ mich das Thema nicht mehr in Ruhe, ich schrieb auch meine Diplomarbeit über Rituale, und schließlich entstand dieses Buch. Je länger ich mich mit Ritualen befaßte, desto lebensnotwendiger erschienen sie mir. Ich hoffe, daß dies spürbar wird.

Mein Dank gilt nun allen, die mich in meiner Arbeit unterstützten und mir hilfreich zur Seite standen. Danken möchte ich all jenen Kindern und Jugendlichen, die ich ein Stück weit auf ihrem Lebensweg begleiten durfte – als Mutter, als Lehrerin oder als Therapeutin. Sie alle trugen dazu bei, daß ich über ihre Rituale den Zugang zu meinen eigenen fand.

Danken möchte ich auch all jenen, die mir erlaubt haben, ihre Rituale zu beschreiben. Aus Gründen des Persönlichkeitsschutzes sind die Beispiele abgeändert worden.

EINLEITUNG: WARUM KINDER RITUALE BRAUCHEN

Immer wieder werden neue Erziehungsmethoden angepriesen, die Mütter, Väter und Erzieher(innen) mehr verunsichern als sie ihnen eine Hilfe sind. Vor allem die Mütter kommen aus den Schuldgefühlen nicht heraus: Hätte ich damals anders gehandelt, wäre mein Kind kein Versager, nicht delinquent, nicht drogensüchtig, etc. In diesem Sinne möchte ich kein herkömmliches Erziehungsbuch schreiben und kaum Lehrsätze aufstellen. Vielmehr geht es mir darum, daß wir Eltern wieder lernen sollten, das Kind selber, möglichst unvoreingenommen zu beobachten. Aus diesem Grund zeige ich an vielen Beispielen, wie unterschiedlich die Entwicklung jedes einzelnen Kindes verläuft, wie unterschiedlich seine Bedürfnisse sind, und wie unterschiedlich es diese äußert. Aus den Beispielen, auch als Anregung gedacht, sollte ersichtlich werden, daß Eltern ebenso unterschiedlich auf das Kind reagieren dürfen, so wie sie es mit ihren Gefühlen vereinbaren können. Ich möchte den Eltern, insbesondere den Müttern Mut machen, vermehrt die eigenen Gefühle ernst zu nehmen und nach ihnen zu handeln. (Damit meine ich natürlich nicht, daß man seine Wut am Kind abreagiert, indem man es schlägt oder mit verletzenden Worten traktiert. Bei einer Überflutung derart starker Emotionen darf man nie gleich handeln.)

Erkenntnisse der Entwicklungspsychologie können hilfreich sein, um ein Kind besser zu verstehen, weshalb ich jeweils ganz kurz, jedoch keineswegs umfassend, einzelne Altersabschnitte erkläre. Mir scheint, daß es Dinge in der Begleitung eines Kindes gibt, die wir unbedingt beachten sollten, die uns eine echte Hilfe sein können im Zusammenleben: Rituale. Was ist ein Ritual? In der Regel verstehen wir darunter meist feierlich-religiöse oder auch weltliche Zeremonien, die nach einem genau festgelegten Schema vollzogen werden, wie etwa die Messe, das Abendmahl, die Vereidigung eines politischen Führers, die Krönung eines Königs, die Beförderung in einen höheren militärischen Rang, verschiedenste Preisverleihungen, die Aufnahme in einen gewissen Berufsstand, etc.

Allen Ritualen ist gemeinsam, daß sie nach ganz bestimmten Regeln ablaufen, die sich oft über lange Zeit gleich bleiben. In einer sich schnell verändernden Gesellschaft können sie ihren Sinn verlieren und gehen, wenn sie nicht mit neuem Sinn gefüllt werden können, bald ganz verloren oder werden leere Handlungen, die niemandem etwas bedeuten. (Darum haben so viele Menschen Mühe mit den kirchlichen Ritualen, die zum Teil sinnentleert sind.) Ursprünglich hatten Rituale den Sinn, menschliches Leben zu regeln. Wir finden sie deshalb meistens an Krisenstellen. Das Wort Krise, heute negativ belastet, meint eigentlich Wendepunkt, Umschlagpunkt. Immer, wenn wir uns auf etwas Neues einstellen müssen, das uns sehr ängstigt, durchlaufen wir eine Krise. So betrachtet ist das menschliche Leben voller Krisen. Viele Krisen, die zum Beispiel einen Menschen der Urzeit in Angst versetzen konnten, sind für uns kaum mehr spürbar. Ich denke da an Rituale, die gemacht werden mußten, weil man Angst hatte, die Sonne würde nicht mehr aufgehen – der Wendepunkt von der Nacht zum Tag war Inhalt der Krise.

Ebenso verunsichernd wirkte der Einbruch der Nacht. Genauso war es mit den Jahreszeiten. Mit Fruchtbarkeitsritualen beschwor man die Götter, gutes Wetter zu senden. Schlechte Ernten konnten den Hungertod bedeuten, und es ist begreiflich, daß die Menschen Mißernten befürchteten. Im Ritual konnten sie sich von einer Existenzangst befreien, die sie vielleicht gelähmt hätte, so daß sie die Saat nicht richtig hätten pflegen können. (Zuviel Angst wirkt lähmend und blockiert uns, maßvolle Angst wirkt antreibend.)

In allen Kulturen pflegen die Rituale, an den genau gleichen Stellen zu stehen. Es handelt sich da eindeutig um eine menschenspezifische Verhaltensweise, tiefenpsychologisch im Sinne von C. G. Jung, um ein archetypisches Verhalten. Es ist nun naheliegend, daß diese Verhaltensweise auch im individuellen Leben eines Menschen wirksam ist. In der Tat findet man rituelles Verhalten bei allen Menschen, sei es in Entwicklungskrisen, in individuellen Krisen oder in Krisenzeiten eines ganzen Volkes. Ich meine nun, es ist sinnvoll, diese uralten Verhaltensweisen genauer anzuschauen und sie in Situationen bewußt anzuwenden, die uns Mühe machen, in denen wir nicht weiterkommen und an Altem, Überholtem festhalten wollen, oder in denen wir vor Angst gelähmt sind und uns hilflos fühlen. Beobachten wir Kinder, die noch nicht verbildet sind, somit dem Unbewußten und den Gefühlen weit näher stehen als die Erwachsenen, sehen wir, daß sie durchaus in der Lage sind, auf ihre ganz spezielle Weise Rituale zu machen. Wir müssen sie nur gewähren lassen und ihnen ihr Tun nicht verbieten, weil es uns unsinnig vorkommt. Das sind Rituale, die spontan auftreten. Rituale können aber auch erfunden werden.

Man merkt sehr schnell, ob es nur eine Konstruktion des Intellektes ist, oder ob wir damit einen Bezug bekommen zu unseren tiefsten seelischen Schichten und damit zum Kern unseres Selbst, durch den wir Gott erfahren. In diesem Sinne ist ein Ritual letztlich nicht selten religiös. Es wäre wohl etwas überheblich, wollte man jedes Ritual als religiös bezeichnen. Ich meine aber, daß dies von außen schwer zu beurteilen ist, und dies nur derjenige tun kann, der das Ritual erlebt. Das Ritual kann als Brücke zu tieferen seelischen Schichten, die wir mit unserem Bewußtsein nicht mehr steuern können, verstanden werden. Über diese Brücke können dem Bewußtsein positive Kräfte zugeführt werden, so daß die Entwicklung, oder das Leben schlechthin, weitergehen kann. Naiv wäre zu glauben, daß nur gute Dinge in unserem Unbewußten auf Bewußtwerdung lauern. Dem ist nicht so. Rituale können auch der Weg für zerstörerische, böse Kräfte sein, was wir an Beispielen sehen werden.

Ich hoffe, mit meinen Ausführungen Anregungen zu geben, welche mithelfen, Kinder besser zu verstehen und das Leben in der Familie freudvoller zu gestalten.

RITUALE ZUR HILFE IN ENTWICKLUNGSKRISEN

Ich möchte mich nun dem ganz praktischen Alltag zuwenden und Rituale beschreiben, die spontan von Kindern gemacht werden oder die wir selber als Eltern erfinden können. Wir haben gesehen, daß Rituale helfen, Krisen zu bewältigen oder solchen vorzubeugen, wodurch sie eine präventive Wirkung entfalten können. In der kindlichen Entwicklung gibt es unendlich viele Krisen: Einmal solche, die jedes Kind durchmachen muß, wie Zähne bekommen, sauber werden, sich von den Eltern nach und nach ablösen, in die Schule gehen, ins Erwachsenenleben eintreten. Dann sind da aber auch die vielen, individuellen Schwierigkeiten, die irgenwie gelöst werden müssen, wie Krankheit, eine eigene oder diejenige von Geschwistern, Eltern oder nahen Freunden; die erste Begegnung mit dem Tod, vielleicht der Tod eines geliebten Tieres oder gar eines nahestehenden Menschen; Geschwisterrivalitäten, Schulschwierigkeiten. Jeder von uns könnte die Liste beliebig verlängern. Dabei würde ersichtlich, wie verschieden die Probleme sind. Für das eine Kind ist der Zahnwechsel eine schmerzhafte und angsterfüllte Zeit, ein anderes bemerkt die Veränderungen nur positiv. Die Schulzeit kann als langweilig, spannend, angstvoll oder freudig erlebt werden.

Wer mit Kindern zu tun hat, sollte sich sehr bewußt sein, daß man immer wieder Gefahr läuft, von seinem eigenen Erleben, von seiner eigenen Kindheit her das Kind zu mißverstehen sowie Probleme und Krisen zu sehen, wo keine sind und umgekehrt. Ich betone das deshalb, weil ich immer wieder Eltern erlebe, die bei ihren Kindern Dinge sehen, welche nicht vorhanden sind und umgekehrt. Psychologisch gesprochen heißt dies, daß die Eltern etwas auf ihre Kinder projizieren.

Ich werde jede Entwicklungsphase kurz beschreiben. Denn erst wenn wir wissen, wo ein Kind in der Entwicklung steht, können wir auch seine Rituale interpretieren, die, wie aus den Beispielen ersichtlich werden sollte, sehr verschiedenartig sein können. Leicht werden sie als dumme Angewohnheiten abgetan, wenn man deren Bedeutung nicht versteht, weil man nicht weiß, worum es eigentlich geht.

IM ERSTEN LEBENSJAHR

Zu dieser ersten Zeit möchte ich nur einige mir wichtig erscheinende Dinge erwähnen. Für eine umfassende Darstellung dieser Lebensperiode verweise ich im Anhang auf Literatur der Entwicklungspsychologie. Wichtig in dieser Phase ist das Gelingen einer möglichst guten Beziehung zwischen Mutter und Kind, oder umfassender formuliert, zwischen der Person, welche das Kind hauptsächlich umsorgt, und dem Kind. Die Folge dieser „genügend guten" Beziehung wäre ein stabiles Urvertrauen. Das kann sich bei einem Säugling so äußern, daß er ein „zufriedenes Kind" ist, wie man im Volksmund sagt. Ein solcherart zufriedenes Kind lernt im

Laufe des ersten Jahres, auch einige Zeit ohne die Mutter zu sein, sich selber zu beschäftigen, mit seinem Körper zu spielen, seine Stimme lustvoll zu gebrauchen, und vielleicht entdeckt es schon ein Lieblingsspielzeug. Es lernt langsam, vertraute Menschen von fremden zu unterscheiden und tut dies vorerst kund mit dem „Fremdeln", mit Angst vor unbekannten Menschen. Dies ist eine durchaus normale Erscheinung und nicht ein Zeichen, daß die Mutter Wesentliches versäumt hätte. Im Gegenteil, es gibt Kinder, die „fremdeln" nie, weil sie an keine Person gebunden sind und darum alle Menschen gleichartig erleben. Andere Kinder wiederum reagieren extrem heftig auf fremde Menschen, weil sie sehr ängstlich sind, was mit mangelndem Vertrauen erklärt werden kann.

Mangelndes Vertrauen muß aber nicht unbedingt auf das Versagen der Eltern zurückgeführt werden. Es kann sein, daß andere widrige Umstände dazu geführt haben wie Krieg, Krankheit, familiäre Probleme, etc. Ein Kind kann aber auch ganz einfach von Natur aus ängstlich sein. Die Anlagen, die ein Kind mitbringt, können wir nicht ändern, wir können sie höchstens verstärken oder mildern. An die Mütter oder Pflegepersonen werden wahrhaft große Erwartungen gestellt. Sie müssen sich mit dem kleinen fremden Wesen bekannt machen, um optimal auf seine Bedürfnisse eingehen zu können. Leider verlassen sich immer weniger Mütter auf ihre eigenen Gefühle – aus Angst, etwas falsch zu machen, was sich für die gesunde Entwicklung des Kindes nachteilig auswirken könnte.

Die Geburt eines Kindes bringt massive Umstellungen im täglichen Leben mit sich, was eine Mutter oftmals, neben aller Freude, in große Not, ja in Krisensituationen bringen kann. Rituale können einer Mutter helfen, die neuartige, geheimnisvolle Zeit mit dem unbekannten Wesen besser zu bewältigen.

Rituale der Mutter

Körperpflege

Das Wickeln kann als schnelles, eher lästiges Saubermachen vollzogen werden oder aber der Mutter die Möglichkeit geben, daraus eine pflegende, lustvolle Handlung zu entwickeln. Sie kann mit dem Kleinen sprechen, es liebkosen oder, wenn sie es mag, massieren. Babymassage kann sehr gut rituell gestaltet werden. Das gleiche gilt für das tägliche Bad. Es ist durchaus möglich, aus der Körperpflege ein Ritual zu machen. Man merkt sehr schnell, was einem Kind gefällt, denn es ist etwas, das ihm offensichtlich auch gut tut. Wichtig dabei ist, das die Mutter oder der Vater an diesem Tun eben auch Freude empfindet, denn es ist hinlänglich bekannt, daß sich Stimmungen sehr rasch auf Kinder übertragen.

Stillen

Schwieriger als die Körperpflege des Säuglings ist das Stillen. Wird das Kind wirklich genährt oder nur sein Hungergefühl beseitigt? Stillen bedeutet für mich Dasein für das Kind und nur für das Kind. Selbstverständlich kann es auch mit einer Flasche gestillt werden. Früher war es bei uns üblich, ein Kind in einer abgelegenen Ecke, noch besser allein in einem Zimmer zu stillen – Zuschauer waren verpönt. Das wurde dann später als Prüderie ausgelegt, was es sicher zum Teil auch war. Leider ging man dann im Gegenteil dazu über, das Kind bei der leisesten Andeutung von Unlust jederzeit und überall „an die Brust zu hängen". Das ist nicht immer zuträglich für die stille Mutter-Kind-Begegnung.

Hinter dem Stillen im Stillen, auch mit der Flasche, steckte weit mehr als Prüderie. Für viele Mütter, gerade wenn sie noch mehr Kinder hatten, war dies die einzige Zeit, um mit dem Säugling allein zu sein und sich ganz ihm zu widmen. Es braucht sehr viel Einfühlungsvermögen der Mutter, wie sie den Stillplan gestalten soll. Ein Rhythmus kann da schlecht vorgeschrieben werden, denn jede Mutter muß selbst danach suchen, was für sie und ihr Kind das richtige ist. Es ist möglich, mit der Zeit herauszufinden, wann ein Kind gestillt werden muß, wann es einfach ein wenig gehalten werden will oder wann es vor lauter Müdigkeit weint. Das zu wissen ist deshalb so wichtig, weil erst dann ein strukturierter Tagesablauf möglich wird, ohne das Kind zu vergewaltigen. Es ist unbedingt notwendig, daß sich bestimmte Handlungen in bestimmten Zeitabläufen wiederholen. Erst wenn es dies spürt, wird das Kind fähig, kurze Zeit zu warten zu langsamer Entwöhnung.

Wir werden in einem späteren Beispiel sehen, wie schnell sich ein Säugling an bestimmte Zeiten gewöhnt, wie schnell er nach seiner „inneren Uhr" reagieren kann. Ich möchte jeder Mutter Mut machen, ihren Alltag mit dem Kind rituell zu gestalten, nach ihrem eigenen Empfinden. Nur so kommt sie selber zu ihren eigenen notwendigen Erholungszeiten und ihr Kind erlebt eine Struktur seines Lebens, welche eine Grundvoraussetzung eines Geborgenheitsgefühls ist.

Entwöhnung

Darunter versteht man nicht nur den Übergang vom Stillen zur festen Nahrung. Entwöhnung bedeutet das langsame

Aufhören des innigen, körperlichen Kontaktes mit der Mutter, das behutsame Lösen der ersten Symbiose von Mutter und Kind. Das Kind muß sich nach und nach an die Außenwelt anpassen und, dank Urvertrauen, lernen, Versagungen zu ertragen. Die Mutter ihrerseits sollte sich wieder vermehrt ihrem eigenständigen Leben zuwenden. Sicher kennen alle Frauen, die nur über ihren Säugling sprechen können, die keine Veranstaltungen mehr besuchen, bei keinem Verein mehr mitmachen und schon gar nicht an eine Berufstätigkeit denken. Sie haben ihr Dasein ganz in den Dienst des Kindes gestellt – auf Kosten ihrer eigenen Entwicklung und der ehelichen Beziehung. Viele verzichten gar auf eigene Freundschaften.

Welche Voraussetzungen sollte nun aber ein Kind haben, um für eine langsame Entwöhnung fähig zu werden?

1. Es muß die wiederholte Erfahrung gemacht haben, daß eine Versagung zeitlich begrenzt ist; anfangs muß diese Zeit sehr kurz sein, weil das Urvertrauen noch im Wachsen ist. Das heißt, ein Kind sollte nicht überfordert werden. Es kann keine Rede davon sein, daß es gut ist, ein Kind lange Zeit schreien zu lassen, damit seine Lungen gestärkt würden, oder zu glauben, ein weinendes Kind zu trösten, sei reine Verwöhnung.
2. Es muß ein zunehmendes Gefühl für Handlungsabfolgen gewinnen. Dazu kann ein Kind nur kommen, wenn es auch immer wieder eine sich gleich bleibende Abfolge erlebt. Hier sind die Rituale der Eltern unentbehrlich.
3. Es muß verschiedene Arten von Beziehungserlebnissen kennen. Der Vater wird anders mit dem Kind umgehen als die Mutter, ebenso die Geschwister oder andere Bezugspersonen.

4. Das Kind muß die Möglichkeit haben, sich selber „trösten" zu können. Man kann schon früh beobachten, daß sich Säuglinge selber beruhigen können und ihren Körper getrennt von der Mutter erleben: Manche lutschen an den Fäustchen, später nehmen sie vielleicht einen Schnuller oder den Daumen, andere spielen mit den Händchen. Jedes Kind hat da seine eigenen Methoden, sofern man ihm genügend Zeit läßt, diese zu finden. Das heißt, daß ein weinendes oder unruhiges Kind eventuell nicht unverzüglich auf den Arm genommen werden muß. Ich bin überzeugt, daß jede Mutter ihr Kind genau kennen lernen kann und genau spürt, was richtig ist.
5. Das Kind kann sich daran erinnern, was ihm gut tut. Eltern, die ihr Kind beobachten, werden feststellen, daß sich ihr Kleines bald einmal an dies und das gewöhnt hat und gewisse Besänftigungs- und Stimulierungsmuster übernimmt, um einzuschlafen, sich selber zu unterhalten, etc.

Ich habe hier die Entwöhnung so sehr betont, weil sie lange Zeit dauern kann. Sie verläuft bei jedem Kind und jeder Mutter anders; je nach Anlage und Eigenart der Mutter kann sich diese Entwicklung bis weit ins zweite Lebensjahr hineinziehen. Wesentlich ist, daß sie überhaupt stattfindet, weil sie für die spätere Entwicklung zu einem eigenständigen Menschen unabdingbar ist.

Religiöse Rituale

Ich möchte nicht auf die kollektiven Rituale wie Taufe oder Beschneidung eingehen, sondern auf die ganz persönlichen der Eltern, wobei ich vor allem ans Beten denke. Eine Mutter erzählte mir, daß sie sich jeden Abend ans Kinderbett setzt und betet. Es werde ihr dann so richtig bewußt, daß sie ihr Kind als eine Leihgabe Gottes bekommen habe, als eine Gabe, welche sie ein Stück weit ins Leben begleiten dürfe. Sie merke dann auch, daß sie nicht alle Verantwortung für den kleinen Erdenbürger übernehmen müsse, denn sie fühle sich eingebettet in Gottes Plan. Es wäre schön, wenn dieses Ritual von allen Eltern gemacht würde. Vielleicht hätten sie dann weniger Schuldgefühle, wenn mit ihrem Kind nicht alles wunschgemäß verlaufen sollte. Vielleicht könnten sie sich zu gegebener Zeit besser von ihren Kindern lösen. In diesem Sinne könnte das Ritual eine präventive Wirkung haben.

Die Rituale der Mutter im ersten Lebensjahr des Kindes sollten folgendes bewirken:

- Die Mutter-Kind-Beziehung kann vertieft werden.
- Die erste Ablösung kann besser vollzogen werden.
- Das Kind kommt durch eigenes Erleben zu eigenen Ritualen.

Wenden wir uns nun Beispielen zu, aus denen ersichtlich wird, wie früh Ansätze zu Ritualen bei Säuglingen erkennbar sind. (Ich nenne hier auch Ansätze zu rituellem Tun Rituale, weil sie die Funktion von Ritualen im eigentlichen Sinne erfüllen.)

Rituale des Kindes im ersten Lebensjahr:

Das Tüchlein

Ein kleiner Junge erlebte eine äußerst schwierige Geburt, welche mehrere Tage dauerte und zuletzt mit einem Kaiserschnitt beendet wurde. Das Kind war blau verfärbt, atmete nicht mehr und wurde nach erfolgreicher Reanimation in eine Isolette verlegt, wurde also von seiner Mutter während einigen Tagen getrennt. Trotz all dieser Widerwärtigkeiten gedieh der sehr kräftige Junge und konnte nach zwei Wochen nach Hause entlassen werden. Zum Einschlafen preßte er jeweils ein Fäustchen an die Wange. Schon im Alter von einem Monat gelang es ihm, mit der Faust die Gazewindel, welche auf dem Kissen lag, zu fassen und an die Wange zu pressen, und nur so pflegte er einzuschlafen. Das Tüchlein, das vorerst nur zum Einschlafen gebraucht wurde und ein wichtiger Gegenstand dieses Rituals war, wurde noch Jahre später als Tröster in schwierigen Situationen gebraucht und ersetzte ein Lieblingstier wie etwa einen Teddy. Es wurde immer auf dieselbe Weise eingesetzt, auf dieselbe Art gehalten. Probleme gab es immer dann, wenn das oft schmutzige und übelriechende Tüchlein gewaschen werden mußte. Der Kleine kannte dann sein „Trostobjekt" nicht mehr und geriet in große Ängste. Nach langem guten Zureden und indem man das Tüchlein öfter mit den Händen zerknüllte, akzeptierte es der Junge wieder. Wir wissen nicht, wie das Kind zu seinem Tüchlein kam und wissen auch nicht, wie die Isolette ausgestattet war. Hingegen ist uns bekannt, daß für die Mutter die Gaze sehr wichtig war. Niemals durfte der Kleine auf den Arm genommen werden ohne dieses Stück Stoff. Es sollte möglicherweise den direkten Kontakt vermeiden oder vor allfälligen Bakterien schützen. Ich weiß es nicht.

Wichtig an diesem Beispiel scheint mir, daß deutlich wird, wie ein Kind sehr bald für sich ein Objekt zum Tröster oder Begleiter wählt, das auch von der Mutter geschätzt wird. Die Mutter machte aus dem Tüchlein einen eigentlichen Ritualgegenstand, an den sich das Kind erinnerte und den es selber für seine Einschlaf- und Angstabwehrritualen gebrauchte.

„Wo bin ich?“

Ein Ritual, das alle Kinder lieben: Sie verstecken ihr Gesicht hinter den Händen oder einem Gegenstand und meinen, unsichtbar zu sein. Dann zeigen sie ihr Gesicht kurz, um es gleich wieder zu verstecken. Mit diesem Ritual, das Kindern lange Zeit sehr viel Spaß macht und Erwachsene bald einmal langweilt, scheint es, daß die Kleinen immer wieder erleben wollen, daß sie eine eigene Person sind – anders als alle andern. Sie grenzen sich damit ab. Zugleich möchten sie aber immer wieder gefunden werden und erleben, wie sich der andere darüber freut. Sie selber geben ihrer Freude auf so anziehende Weise Ausdruck, daß man als Erwachsener gern mitspielt bei diesem einfachen Ritual.

Wegwerfen – Zurückbringen

Ebenfalls ein Ritual, das alle Kinder heiß lieben und das man als Eltern meist nicht so gerne mitmacht. Die Kleinen werfen einen Gegenstand weg und verlangen, daß man ihn wieder holt. Damit wollen die Kinder möglicherweise einem Allmachtsgefühl Ausdruck geben. Sie haben es in der Hand, die Erwachsenen ganz für ihre Zwecke einzuspannen. Als Mutter und Vater sollte man sich gebrauchen lassen, es dauert meist nicht über Stunden. Für das Urvertrauen des Kindes kann es wichtig sein, daß man ihm diese Beachtung schenkt.

Schlaflied

Ein anderes Beispiel zeigt, wie Säuglinge schon sehr früh ausdrücken können, welches Ritual sie mögen. Ich selber singe sehr gern und pflegte meine damals zweimonatige Tochter vor dem Schlaf noch ein wenig herumzutragen und ihr einige Schlaflieder zu singen. Ich tat es, weil es mir gefiel und weil ich spürte, daß sie ganz ruhig wurde. Schon nach wenigen

Tagen hatte sie sich daran gewöhnt. Ich selber neigte eher dazu, etwas einmal auf diese oder eine andere Weise zu tun. Für mich als Mutter war das wohl interessant, nicht aber für ein kleines Kind: Als ich eines Abends fand, ich könnte doch das Kind auf andere Weise zu Bett bringen, wurde ich eines Besseren belehrt. Die Kleine schrie wie am Spieß, so daß ich ordentlich erschrak. Ich dachte an alle möglichen Krankheiten, bis ich dann mehr zufällig zu singen begann. Sofort stellte die Kleine das Weinen ein und lächelte zufrieden. Es wurde mir plötzlich bewußt, daß ihr die Orientierung gefehlt hatte, und ich verstand, daß ich abends zu singen hatte und dies gefälligst stets zur gleichen Zeit. Später sang sich dieses Kind über lange Jahre in den Schlaf. Auch sie übernahm ein Ritual der Mutter, das ihr half, sich dem Schlaf hinzugeben und nächtliche Ängste zu überwinden.

Einschlafmusik

Auch meine jüngste Tochter liebte es, in den Schlaf gesungen zu werden. Dazu lag sie im Bettchen, und ich mußte mich nahe zu ihr hinunterbeugen. Konnte dieses Einschlafritual einmal nicht von mir ausgeführt werden, schlief sie zwar ein, erwachte jedoch nachts, und ich mußte die Zeremonie nochmals persönlich ausführen. Erst dann war sie endgültig sicher, schlafen zu können. Dazu muß ich sagen, daß ich dabei immer das Gefühl hatte, mein Kind mit diesem Ritual guten Mächten anzuvertrauen, und ich denke, daß sich das auf die Kleine übertrug. Auch sie hat dieses Ritual, etwas abgeändert zwar, beibehalten: Sie ist heute fast erwachsen und schläft noch immer bei leiser Musik ein. Ein Relikt aus ihren ersten drei Lebensjahren?

Knöpfe drehen

Ein kränklicher Knabe wurde immer wieder von Infektionskrankheiten geplagt. Seine Mutter ängstigte sich sehr und war äußerst besorgt um das Wohl ihres Kindes. Beim leisesten Luftzug deckte sie den Kleinen mit einer Daunendecke zu. Den Überzug dazu hatte sie selber hergestellt und in kunstvoller Art mit Perlmuttknöpfen verziert. Ob das Zudecken des Jungen aus medizinischer Sicht richtig war, sei dahingestellt. Es schien dem Kind jedenfalls gut zu tun. Der Junge fühlte sich mit dieser Decke, in welche viele gute Gedanken und warme Gefühle genäht worden waren, wohl. Vor allem gefielen ihm die Knöpfe. Zuerst wurden sie betastet, befingert und schließlich, mit zunehmendem Alter des Kindes, gedreht, bis sie abfielen. Auf diese Weise lullte sich der Kleine über mehrere Jahre in den Schlaf ein. Die gutmütige Mutter nähte jeden Morgen die Knöpfe wieder fest, ohne sich zu ärgern. Für uns heutigen Frauen ist dies ein schwer verständliches Ritual, doch jene Mutter sagte, sie sei so dankbar gewesen, wenn ihr Sohn gesund war, daß es ihr nichts ausmachte, die Knöpfe immer wieder anzunähen.

Es ist kein Zufall, daß mir in der Phase des ersten Lebensjahres vor allem Einschlafrituale in den Sinn kommen. Viele Eltern beklagen sich, ihr Kind würde kaum eine Nacht durchschlafen, und sie müßten alle paar Stunden aufstehen, weil es weine. Schlafstörungen in diesem Alter können, sofern das Kind gesund ist, damit zu tun haben, daß es nie einen geregelten Tagesablauf kennenlernte. Aus diesem Grund würde ich als erste Maßnahme versuchen, einen klaren Tagesrhythmus einzuhalten, ein Einschlafritual zu entwickeln und das Kind nachts immer auf die selbe Art zu beruhigen. In sehr vielen Fällen nützt dies bereits. Doch nicht immer sind Schlafstörungen einfach zu beheben. Schläft ein einjähriges Kind noch nicht durch, rate ich, einen Kinderarzt oder eine Kinderärztin zu konsultieren oder das Problem mit einer erfahrenen Mutter oder einer psychologischen Fachperson zu besprechen.

Schlafstörungen sollte man ernst nehmen, weil sie für die Eltern sehr kräfteraubend sind und sich auf die Beziehung zum Kind ungünstig auswirken, ganz abgesehen von den Auswirkungen auf die elterliche Beziehung.

In diesem ersten Kapitel ging es mir darum zu zeigen, daß Rituale nötig sind, um dem Kind erste Strukturen zu vermitteln, die ihm helfen, sich besser zu orientieren und seiner Umgebung zu vertrauen, was letztlich sein Urvertrauen stärkt. Durch die Rituale kann das Kind zu eigenen rituellen Verhaltensweisen finden, die es dann einsetzen kann, wenn es sich verlassen fühlt oder sich ängstigt.

Wir wenden uns nun einem weiteren Abschnitt in der kindlichen Entwicklung zu, der sowohl für die Eltern wie auch für das Kind mit Krisen verbunden ist, dem Trotzalter.

IN DER TROTZPHASE

Als Kindertherapeutin frage ich die Eltern im Erstgespräch immer auch nach der Trotzphase. Dabei habe ich festgestellt, daß viele Eltern meinen, Trotzen und Quengeln sei auf ihr eigenes Fehlverhalten zurückzuführen. Viele Eltern verneinen daher, daß sie in dieser Zeit irgendwelche Schwierigkeiten mit ihrem Kind gehabt hätten. Ich konnte nicht glauben, daß so viele Kinder unauffällig diese wichtige Zeit durchmachten und begann, meine Frage anders zu formulieren. Ich fragte nach dem eigenen Willen des Kindes, wann und wie er sich ausgedrückt habe. Die Antworten der Eltern fielen nun ganz anders aus, beinahe alle beobachteten besondere Verhaltensweisen, die ihnen vielfach Sorgen und Mühen bereiteten und zum Teil schwer verständlich waren.

Der eigene Wille ist etwas Gutes, und niemand möchte ein Kind haben, das diesen nicht besitzt. Einmal mehr stellte ich fest, wie sehr die Eltern verunsichert sind und meinen, wenn sie sich nur richtig verhalten würden, dann könnte das Kind aufwachsen wie im Paradies, ohne Tränen, ohne Schmerzen. Man kann nie genug betonen, daß jede normale Entwicklung geprägt ist von Schwierigkeiten und Problemen. Es geht nicht darum, diese zu vermeiden, sondern sie zu meistern, zu lernen sie zu bewältigen – eine Aufgabe, die ein ganzes Leben lang dauert, so lange überhaupt Entwicklung möglich ist.

Deutlich bei den Elterngesprächen wurde, daß der Beginn der Trotzphase, der Verlauf und das Abklingen dieser Krise sehr unterschiedlich sind. Einerseits ist dies abhängig von der Konstitution des Kindes, andererseits vom Verhalten der betreuenden Personen und von den Umweltbedingungen. Damit meine ich hier vor allem die Wohnsituation; Stadt, Land, eine enge Wohnung oder ein großzügiges Haus haben entscheidende Einflüsse auf das Kind und seine Eltern.

Einige wichtige Dinge, die in dieser Zeit, etwa zwischen eineinhalb und drei Jahren, erworben werden müssen:

Freies Gehen lernen

Mit dem Gehen erobert sich das Kind seine Umwelt. Zuerst wird die Wohnung erforscht, wobei es wichtige Erfahrungen sammeln kann. Nichts ist sicher vor seinem Eroberungsdrang, es steigt überall hinauf und untersucht alle Dinge, die es zu fassen kriegt. Es ist vorteilhaft, wenigstens die Zimmer, in denen sich das Kind aufhalten darf, sogenannt kindersicher einzurichten. Man erspart sich damit viel Ärger und muß das Kind nicht unnötig einengen, so daß es die Möglichkeit hat, selber seine Umgebung zu entdecken. Es kann sich in verschiedenen Gangarten üben, lernt hinzufallen und wieder aufzustehen. Hat es dazu noch einen Garten oder einen Spielplatz zur Verfügung, wird es sich bald sicher bewegen können.

Viele Kinder genießen es, von der Mutter wegzulaufen, meist bleiben sie aber in Sichtkontakt. Das ist ein deutliches Zeichen dafür, daß sich das Kind immer mehr von der Mutter lösen möchte. Es wünscht den ganz engen Kontakt nicht mehr. Die Mutter sollte darauf eingehen und das Kind gewährenlassen, bis es wirklich ihre Hilfe braucht, weil es allein nicht mehr weiterkommt. Falsch wäre da, das Kleine im Stich zu lassen mit der Begründung, es solle nur erfahren, wie wenig es könne und wie wichtig die Mutter noch sei. Es sollte das höchste Gebot sein, das Selbstvertrauen des Kindes zu stärken und ihm Mut zu machen, seine körperlichen Fähigkeiten zu üben.

Sprache entwickeln

Die Sprachentwicklung verläuft ebenfalls sehr unterschiedlich. Es gibt Kinder, die bereits mit einem Jahr verschiedene Wörter verständlich aussprechen können. Meist lernen sie zuerst, Gegenstände, Tätigkeiten, Eigenschaften und Namen von Personen zu benennen. Dann beginnen sie kurze Sätze zu formen. Die Erwachsenen sollten nun viel mit ihnen reden, in einer einfachen, aber grammatikalisch richtigen Sprache. Auf diese Weise vergrößert sich der Wortschatz, und das Kind kann bald in kleinen Sätzen sprechen.

Schließlich lernt es, „ich" zu sagen. Dieses „Ich" zeigt einen weiteren Entwicklungsschritt an, mit welchem oft einhergeht, daß der eigene Wille kundgetan wird: „Ich will …" oder „ich will nicht …"

Beherrschung der Körperfunktionen

Ein rigoroses Sauberkeitstraining ist in der heutigen Zeit kaum mehr anzutreffen. Die moderne Technik hat da gute Dienste geleistet. Waschmaschinen oder Wegwerfwindeln machen Mütter geduldiger. Wir können warten, bis das Kind seinen Reifungsschritt vollzogen hat und aufs Töpfchen geht. Trotzdem kann es für das Kind eine Hilfe sein, wenn es regelmäßig für kurze Zeit aufs Töpfchen gesetzt wird; in der Regel aber nicht, bevor das Kind 18 Monate alt ist. Viele Kinder lernen nur so ihren Körper besser kennen.

Unterscheiden lernen

In diesem Alter wird deutlich, wie das Kind zu unterscheiden lernt. Es kennt nun die verschiedensten Personen und weiß oft ganz genau, wie unterschiedlich diese auf gewisse Dinge reagieren. Es weiß etwa, daß die Großmutter entzückt ist, wenn es „bitte-bitte" macht mit den Händen, und gerne bereit ist, ihm eine Süssigkeit zu geben, welche Mama niemals gestatten würde. Es kennt den Unterschied zwischen Nacht und Tag, zwischen kalt und warm, zwischen hart und weich und kann die Unterschiede auch benennen. In dieser Phase lernt es aber auch langsam zu unterscheiden, was Gut und Böse ist. Es muß lernen, daß es nicht gut ist, die Zeitung der Eltern zu zerreißen; daß es nicht gut ist, Blumentöpfe als Sandkasten zu benutzen; daß es nicht gut ist, Gläser auf den Boden zu schmeißen. Die Beispiele könnten beliebig fortgesetzt werden. Damit kommen wir zu einem wichtigen weiteren Schritt in diesem Altersabschnitt:

Grenzen akzeptieren

Viele Eltern haben in obengenannten Situationen Mühe, dem Kind ganz deutlich zu sagen, was es darf und was nicht erwünscht ist. Einfach ist es nie, Grenzen zu setzen, auf keiner Altersstufe, nicht nur in der Trotzphase. Die Kleinen können quengeln, sich auf den Boden werfen, schreien wie am Spieß, stampfen und zetern. Manchmal braucht es einiges an Geschick, um herauszufinden, was der Grund des Wutausbruches ist. Es braucht viel Geduld, ruhig auf seinem Standpunkt zu beharren und zu warten, bis sich das Kind beruhigt hat. Dann sollte das Kind aber erleben, daß es trotzdem noch geliebt wird, daß man ihm selbstverständlich nichts nachträgt. Das ist enorm schwierig, denn die Attacken der Kinder sind mitunter sehr heftig.

Eine Mutter, die den ganzen Tag (damit meine ich 24 Stunden) mit ihren kleinen Kindern zusammen ist, leistet unheimlich viel. Leider wird dies in unserer Gesellschaft noch immer nicht eingesehen, sonst gäbe es längst bessere Möglichkeiten, um diese Mütter zu entlasten.

Kinder, die in diesem Alter keine Grenzen erfahren, werden sie mit größter Wahrscheinlichkeit auch später nicht erleben, weil sich die Eltern immer weniger gut durchsetzen können. Ich plädiere weder für Drill noch für eine harte, rigide Erziehung. Gleichzeitig bin ich davon überzeugt, daß die allermeisten Mütter, wenn sie genügend entlastet werden und nicht überfordert sind, genau wissen und spüren, was sie ihrem Kind zumuten können und was sie von ihm nicht erwarten dürfen. Jedes Kind braucht da seine ihm angemessene Forderung und Unterstützung im Aushalten negativer Gefühle.

Selbständigkeit üben

Die ganze Entwicklung des Kindes sollte zur Selbständigkeit führen, bis es sein Leben allein, ohne die Eltern meistern kann. Ansätze dazu finden wir schon sehr früh, doch mir scheint, daß in der Trotzphase zum erstenmal deutlich wird, wie sehr das Kind etwas gerne allein tut. Es möchte zum Beispiel selber essen und weigert sich oft, sich füttern zu lassen. Zu unserem Erstaunen beherrschen viele Kinder bald Löffel und Gabel und brauchen nur ganz selten die Hände. Das hat wohl damit zu tun, daß sie gerne „groß“ sein möchten und die Großen nachahmen, zumindest dort, wo es ihnen einigermaßen möglich ist. Später ahmen sie dann noch ganz andere Dinge nach, Dinge, die uns nicht immer ganz lieb sind. Das sei nur nebenbei bemerkt.

Die Selbständigkeit des Kindes zuzulassen erfordert viel Zeit. Es geht doch so viel schneller, ein Kind anzuziehen, anstatt ihm die Kleider immer wieder richtig hinzulegen und ihm nur minimal zu helfen. Oft ist es für eine Mutter gar nicht so leicht zu ertragen, wenn sie merkt, daß ihre Fürsorge immer weniger gefragt ist. Es gibt leider Mütter, denen nicht so viel am Selbständigwerden der Kinder liegt. So paradox es auch klingen mag. Viele dieser Mütter fühlen sich wohl in der Rolle der Fürsorgenden und Pflegenden.

Man muß als Mutter sehr flexibel sein, wie in keinem anderen Beruf. Alle paar Monate muß sich eine Mutter wieder neu auf das Kind einstellen können. Kaum hat sie sich mit einer Altersstufe zurechtgefunden, kommt bereits die nächste, in der ganz andere Dinge wichtig sind. Eine Handlung ohne fremde Hilfe ausüben zu können, sei es ein Kleidungsstück anziehen, essen oder ein Spielzeug versorgen, geben dem Kind Selbstvertrauen. Es braucht dazu dringend die Unterstützung und Anerkennung der Erwachsenen. Das fördert seine Entdeckungsfreude und sein Interesse an der Umwelt. Das gibt ihm Mut, seine zum Teil großen Ängste vor allem Neuen zu überwinden und sich immer wieder Unbekanntem zuzuwenden. Wird die natürliche Neugierde unterbunden, muß man sich nicht wundern, wenn ein solches Kind später keine Freude hat, etwas zu lernen.

Es ist sehr wichtig, daß dieser Altersabschnitt einigermaßen gut überstanden wird. Immer wieder begegne ich als Therapeutin Kindern, Jugendlichen und Erwachsenen, die mit einem großen Teil ihrer Persönlichkeit in der Trotzphase verhaftet sind. Ein kleiner Anteil von uns allen steckt noch in dieser Phase, was weiter auch nicht schlimm ist, nur darf er uns nicht beherrschen. Ich möchte mit kurzen Beispielen zeigen, was ich damit meine. (Natürlich ist bei diesen Menschen nicht nur in der Trotzphase eine Entwicklung nicht optimal gelungen, doch würde es zu weit führen, alles genau zu analysieren.)

Eine junge Frau erlebte ein sehr strenges Elternhaus. Zu früh schon lernte sie aufs Töpfchen zu gehen. Mit eiserner Konsequenz wurde sie zu Sauberkeit und Ordnung angehalten. Ihr wurden überall Grenzen gesetzt, und alles wurde vorgeschrieben. Sie wehrte sich zwar als kleines Kind, was jedoch zur Folge hatte, daß die Eltern noch mehr Druck aufsetzten. Schließlich gab das Mädchen auf und fügte sich widerwillig. Später erlernte sie einen Beruf, den die Eltern für sie ausgesucht hatten. Erst als die junge Frau das Elternhaus verließ, begann sich in ihr Widerstand zu regen. Sie hatte nun plötzlich das Gefühl, alle Leute würden ihr etwas aufzwingen wollen. Die junge Frau widersetzte sich am Arbeitsplatz den Anweisungen ihres Chefs und bekam so die größten Schwierigkeiten. In Beziehungen reagiert sie mißtrauisch und vermutet immer, daß alle Menschen sie am liebsten bevormunden wollten und sie sich selber dauernd zur Wehr setzen müsse. Sie sagt, sie arbeite oft absichtlich fehlerhaft und stoße auch absichtlich ihr wohlgesinnte Menschen vor den Kopf. Ihr Selbstvertrauen ist gering, und sie hat große Angst vor allem Neuen, eine Angst, die lähmend wirkt und ihr verunmöglicht, Dinge zu tun, welche ihr wirklich Freude bereiten würden.

Ein junges Mädchen hatte, trotz guter Intelligenz, große Schulschwierigkeiten. Ihr Wunsch, einen akademischen Beruf zu ergreifen, lag durchaus im Bereich ihrer intellektuellen Begabung. Sie war aber unfähig zu arbeiten. Keine arbeitstechnischen Hilfen konnte sie nutzen, denn sie konnte nicht während längerer Zeit an einer Sache bleiben. In Gesprächen kam dann zum Ausdruck, daß das Mädchen nie etwas gegen seinen Willen tun mußte. Es mußte sich weder waschen noch die Zähne putzen, wenn es keine Lust dazu hatte. Die Mutter erinnert sich, daß das immer so gewesen sei, daß ihre Tochter aber immer ein liebes Kind war und nie quengelte oder trotzte. Sie, die Mutter, hätte das auch nur schlecht ertragen können, sie liebe den Frieden und sei bereit, dafür etwas zu tun. „Wenn nur alle Leute so denken würden, dann sähe es auf unserer Welt ganz anders aus!", meinte sie dann sehr überzeugt. Leider gelang es dieser Familie nicht, innerhalb nützlicher Frist ihr Verhalten zu ändern. Das Mädchen erlernt nun einen ungeliebten Beruf und ist fast sicher, daß es die Lehre aufgeben wird. Das Beispiel steht für ein Schicksal, das in der heutigen Zeit gar nicht so selten ist.

Ein achtjähriger Junge verweigerte in der Schule lautstark die Anordnungen der Lehrerin. Er wolle nun lesen und nicht rechnen, denn dazu habe er keine Lust, und die Lehrerin hätte niemals das Recht, ihn zu etwas zu zwingen. Vielleicht habe er irgendwann einmal Lust zu rechnen, er werde es dann sagen. Es ist verständlich, daß in einer Volksschulklasse mit 25 Schülerinnen und Schülern solche Extrawünsche nicht berücksichtigt werden können. Die Eltern des Jungen erinnerten sich, daß die Probleme mit zweieinhalb Jahren begannen. Sie selber hatten damals geschäftliche Schwierigkeiten und besaßen einfach nicht mehr die Kraft, dem kleinen Schreihals etwas abzuschlagen. Gaben sie seinen Wünschen nach, hatten sie wieder eine gewisse Zeit Ruhe. In der Folge wurden die Wünsche größer, aber ihre Erfüllung lag für die Eltern immer noch im Bereich des Machbaren, zumal der Junge ein Einzelkind war und auf keine Geschwister Rücksicht genommen werden mußte. In mühsamer Kleinarbeit lernte die Familie, ihre eingefleischten Verhaltensmuster zu ändern. Der Junge entwickelte sich zu einem jungen Mann in einem anspruchsvollen Beruf, der viel Verantwortung und eigenständiges Denken verlangt. Aus diesem Beispiel wird ersichtlich, daß Unterlassungen in der Erziehung, in diesem Fall das Setzen von Grenzen, nachgeholt werden können, wenn auch mit großen Anstrengungen.

In aller Kürze habe ich einige mir wichtige Besonderheiten der Trotzphase beschrieben. Ich hoffe, daß nun besser verstanden wird, wie viel erworben werden muß und weshalb die Kinder in dieser Zeit ihren Launen so sehr unterworfen sind. Auch wir Erwachsenen erlauben uns „Launen", wenn wir gestreßt sind – wieviel mehr sollten wir dies unseren Kindern zugestehen.

Rituale sind auch in dieser konfliktreichen Zeit eine Hilfe. Ein geregelter Tagesablauf, an sich schon ein Ritual, ist eine gute Orientierungshilfe für das Kleinkind und verhilft der Mutter erst noch zu mehr Freizeit. Schon das Aufstehen kann rituell, auf immer dieselbe Weise, gestaltet werden. Erwacht ein Kind sehr früh, kann man durchaus versuchen, ob es noch eine Weile im Bett oder im Zimmer spielen könnte. Man ist keine schlechte Mutter, wenn man eine halbe Stunde länger schläft.

Ein kleines Mädchen von drei Jahren sagt, es bleibe am Morgen gern einfach so im Bett liegen und schaue im Zimmer herum. Das macht es auch, wenn es bei Verwandten zu

Besuch ist. Da verlangt es, daß man es ja nicht zu früh aus dem Bett nehme, es solle so sein wie zu Hause. – Ein Junge von zweieinhalb Jahren schätzt es, wenn er im Bett seinen Schoppen trinken und dann noch einige Zeit vor sich hindösen kann. – Ein Mädchen von zwei Jahren will jeden Morgen ein ganz bestimmtes Lied von der Mutter gesungen haben. – Ein anderer Junge wird am Morgen von seinem Vater versorgt, weil dieser den ganzen Tag über weg ist. Es kann vorkommen, daß der Vater außer Haus ist, dann ist der Kleine während Stunden schlecht gelaunt, weil die Welt für ihn nicht mehr stimmt. Dieser Tagesbeginn gefällt mir besonders gut. Wäre das nicht eine Möglichkeit für viele Väter, die Beziehung zum Kind zu pflegen?

Der Tagesanfang kann auf tausendfältige Weise gestaltet werden, er muß jedoch den Bedürfnissen der einzelnen Eltern und deren Kinder angepaßt sein. Wie er gestaltet wird ist weniger wichtig, daß er gestaltet wird ist wesentlich. Dasselbe gilt für den ganzen Tagesablauf. Wichtig ist, daß eine Struktur vorhanden ist, die eingehalten werden kann. Eine Zeit, in der das Kind sich allein beschäftigen kann, muß unbedingt eingeplant werden. Dazu kann ein Lauf- oder eine Türabsperrgitter dienen, damit Unfälle vermieden werden. Nur so lernt es spielen und bekommt Zugang zu seinen eigenen kreativen Möglichkeiten. Natürlich soll man dem Kind anfangs helfen und auch entsprechendes Spielzeug bereit stellen. Einfache Spielsachen, die sich auf mannigfaltige Art verwenden lassen, eignen sich dazu besonders gut (z. B. verschiedenstes Baumaterial, Kuscheltiere, etc.). Die Spielzeit würde ich ganz stur zur gleichen Zeit ansetzen, zu einer Zeit, in der die Mutter die Zeitung liest, eine Tasse Kaffee trinkt oder einem älteren Kind eine Geschichte erzählt. So lernt der Kleine, auch die Mutter als Person mit eigenen

Bedürfnissen zu respektieren. Neben der Zeit, in der sich das Kind allein beschäftigen soll, ist es aber ebenso notwendig, eine Zeit einzuplanen, in der man nur für das Kind da ist. Es stärkt das Urvertrauen, wenn ein Kleinkind auf die Mutter zählen kann, solche Kinder sind in der Regel die besseren Allein-Spieler. Dabei ist die Qualität der Zeit entscheidend, nicht die Quantität. Es gibt Mütter, die meinen, wenn sie den ganzen Tag zu Hause seien, genüge das vollauf. Kinder solcher Mütter bekommen leider leicht das Gefühl, nicht so wichtig und nicht viel wert zu sein, denn ihr Selbstwertgefühl wird nicht genährt.

Die Zeit mit dem Kind könnte gut rituell gestaltet werden. Dazu eignen sich einfache Kinderreime, Liedchen, Bilderbücher, und einige Kinder verstehen schon sehr früh kurze Geschichten mit einer Handlung aus dem kindlichen Erfahrungsbereich. Sehr viele Kinder äußern ganz klar, was sie wollen, und darauf sollte man eingehen und nicht meinen, das Kind bräuchte doch mehr Anregung und täglich etwas Neues. Kinder haben normalerweise ein sicheres Gespür für das, was ihnen gut tut.

Einschlafrituale nehmen nach wie vor einen großen Stellenwert ein. Auch in dieser Phase finde ich es durchaus angemessen, mit dem Kind zu beten, sofern man einen Bezug zu Gott hat. Wenn das Beten für mich wichtig ist und ich das Gefühl habe, ein Kind – wie schon früher erwähnt – guten Mächten anzuvertrauen, wird sich meine Haltung sehr schnell in gutem Sinne auf das Kind übertragen. Es gibt viele wunderschöne Kindergebete oder auch geborgenheitsspendende Sprüche und Lieder, die sich eignen. Auch da ist wieder wichtig, daß es einem selber etwas bedeutet und man nicht einfach etwas übernimmt, nur weil es irgendeine Kapazität empfiehlt.

Rituale in dieser Phase sollten folgendes bewirken:

- Strukturierung und Wahrnehmung des Tages als Orientierungshilfe
- Selbstvertrauen stärken
- Grenzen anerkennen und nicht nur sich passiv fügen
- Loslösung und Wiederannäherung an die Mutter üben
- Angst und Wut in geschütztem Rahmen ausdrücken
- Vertrauen finden in die umsorgende Liebe der Eltern, welches die Grundvoraussetzung für ein späteres Gottvertrauen ist

Die folgenden Ritualbeispiele, welche ich auch erläutern werde, sollen zur Illustration dienen:

Töpfchenritual

Agnes wurde mit Down-Syndrom geboren. Trotz ihrer Behinderung kann sie recht gut und verständlich sprechen. Ihre Mutter, eine nicht mehr ganz junge Frau, hat einen großen Haushalt mit drei fast erwachsenen Söhnen zu besorgen, der Vater arbeitet als Akkordmaurer oft auswärts und ist daher wenig zu Hause. Von den Geschwistern wird die kleine Agnes sehr verwöhnt, alle freuen sich über ihre drollige Sprache und geben sich Mühe, ihr immer neue manchmal nicht ganz salonfähige Wörter beizubringen. Alles scheint in bester Ordnung, Agnes entwickelt sich gut, nur gelingt es nicht, sie aufs Töpfchen zu setzen. Sie weigert sich standhaft mit großem Zetern und muß über Jahre, wie ein Baby, gewickelt werden. Welchen Gewinn zieht die Kleine aus dem Gewickelt-Werden? – Es ist die einzige Zeit, in der die Mutter einzig für Agnes da ist. Bei allen anderen Verrichtungen sind noch andere Personen zugegen. Es existiert kein anderes

Ritual in Agnes' Leben. In dem lebhaften Haushalt gibt es keine Regelmäßsigkeiten, die Essenszeiten variieren, und mit dem Zubettgehen nimmt man es nicht so genau. Die Mutter, eine verständige Frau, begreift sehr schnell, was sie anders machen könnte. Sie setzt die Kleine wieder aufs Töpfchen und beginnt, schnell Kinderreime aufzusagen. Agnes ist fasziniert, bleibt sitzen und hört zu. Dieses Prozedere wird nun alle zwei Stunden wiederholt, das Wickeln hingegen schnell und schweigend vollzogen. In kurzer Zeit schon lernt Agnes ihre Ausscheidungen zu kontrollieren. Sie holt selber das Töpfchen, wenn sie möchte, daß ihr die Mutter Reime vorsagt. Inzwischen ist das aber nicht mehr nötig. Die Kleine ist sauber geblieben, und die Mutter nimmt sich nun täglich einige Zeit für sie.

Trotz

Der kleine Stefan, ein drittgeborenes Kind – sein Bruder ist um fünf, seine Schwester um sieben Jahre älter – war ein äußerst pflegeleichtes Baby. Er war vergnügt, konnte mit sich allein spielen, und seine Mutter betonte, er habe immer durchgeschlafen. Seine körperliche Entwicklung verlief normal, die Sprachentwicklung war sogar überdurchschnittlich hoch. Nur mit einer Sache hatte er seine liebe Mühe: Er weigerte sich, sauber zu werden, hartnäckig. Bis vor seinem dritten Geburtstag wollte er nicht aufs Klo gehen oder ins Töpfchen zu machen. Er verkündete, es gefalle ihm, in die Windeln zu machen, und er denke nicht daran, das zu ändern, weil es immer so schön warm werde. Die Mutter probierte unzählige Tricks aus, die aber nichts nützten. Jeden Morgen nach dem Windelnwechseln verschwand der Kleine ins Kinderzimmer und schloß die Türe sorgfältig zu. Er setzte sich dann in eine Ecke oder unter den Kindertisch, um dort in aller Ruhe und mit sichtlichem Genuß sein Geschäft zu erledigen. Der Knirps behauptete zudem, das Windelnwechseln sei Pflicht jeder Mutter. Schließlich gab es die Mutter auf, sich zu ärgern und begann, das lästige Saubermachen als geheime Strafe anzusehen, denn ein Psychologe hatte behauptet, mit dem Kind stimme sicherlich etwas nicht, und als Mutter hätte sie versagt. Zum Glück war diese Mutter eine Frau mit einem gesunden Selbstvertrauen, die sich nicht unterkriegen ließ von falschen Schuldgefühlen und sich sagte, daß ihr Kind ja kein Affe sei, der nicht zur Sauberkeit erzogen werden könnte. Das morgendliche Ritual ging unterdessen weiter. Ansonsten war der Junge lieb und sonnig, quengelte nicht und hatte auch keine Wutausbrüche. Eines Tages nun verkündete der Kleine nach seinem Ritual, nun sei Schluß damit, er gehe nun aufs Klo, die Windeln könnten versorgt werden und natürlich auch das Töpfchen, das ohnehin nur für Babys sei. Niemand traute diesen großen Worten, doch es klappte. Nie mehr machte Stefan in die Hosen, sogar nachts stand er selbständig auf. Er nannte dann auch einen rationalen Grund: Er habe einen Jungen mit einem Windelpaket beobachtet, was schrecklich „doof" ausgesehen habe – so möchte er selber nicht ausschauen. Nachdem Stefan nun endlich „sauber" geworden war, fand er ein Lieblingsspielzeug, einen Pandabären, den er trotz besseren Wissens als sein „Kroki" (Krokodil) bezeichnete.

Was sollte dieses „rituelle Defäkieren" bedeuten? Ich denke, daß dies die ganz persönliche Art dieses Jungen war, seinen eigenen Willen auszudrücken. Damit übte er natürlich Macht über seine Mutter aus, sie fühlte sich dem Kleinen gegenüber hilflos und löste sich selber ein Stück von ihrem Kind ab, was vom Kind selber erzwungen wurde. Es gehört zu jedem Ablösungsschritt, daß man als Mutter verletzt wird. Von einem Kind, das nur sonnig ist und keinen Ärger bereitet, kann man sich schwerlich trennen. In späteren Trennungsphasen wird das noch deutlicher. Interessant ist in diesem Fall, daß der Junge erst so spät ein Lieblingsspielzeug gefunden hat. Dieses Spielzeug, meistens ein Kuscheltier, hat mütterliche Qualitäten, es ersetzt oft die Mutter, weshalb die Kinder auch so an ihm hängen. Zugleich haben sie Macht über das Spielzeug, sie können mit ihm böse sein, können es schlagen und dann auch wieder sehr lieben. Das Kuscheltier läßt sich alles gefallen. Stefan, das sonnige Kind, war eindeutig noch zu stark mit der Mutter verbunden. In solch starken Bindungen wird die Mutter nicht nur positiv erlebt wie man vermuten könnte, sondern auch als einengend, die Selbständigkeit verhindernd. Nun wählte der Junge ein Krokodil zum Liebling. Symbolisch ein Tier, das den verschlingenden Aspekt des Mütterlichen verkörpert. (Mit verschlingend ist einengend gemeint.) Es scheint, daß der Kleine unbewußt ausdrückte, daß er nun endlich selbständiger werden wolle und sich von der Mutter nicht länger vereinnahmen, das heißt fressen lassen wolle. Wir alle kennen den Ausdruck „jemanden zum Fressen gern haben".

In dieser Phase ist es sehr wichtig, daß das Kind die Mutter verletzen darf, daß sie es aber jedesmal wieder liebevoll annimmt, ihm nicht über Stunden oder gar Tage böse ist. Wir müssen uns immer vor Augen halten, daß die Kleinen sich nicht absichtlich so verhalten, so wenig sie absichtlich Zähne bekommen. Das gehört nun mal zur menschlichen Entwicklung. Wird ein Kind für sein unangenehmes Verhalten mit Liebesentzug bestraft, werden in ihm die Keime schwerer Schuldgefühle gelegt, Schuldgefühle, die sich erst im späteren Leben zeigen. Es sind jene Menschen, die sich schlecht vorkommen und es schwierig haben mit der Selbstliebe. Eine Frau, die jahrelang an schweren Schuldgefühlen litt, sobald sie etwas Eigenständiges unternehmen wollte, erinnert sich an folgendes Ritual, das sie im Alter von knapp drei Jahren während längerer Zeit täglich ausführte:

Ausreißen

Susanne lebte zusammen mit Eltern und Großeltern auf einem Bauernhof. Es gab da ein großes Haus, einen Stall und einige Nebengebäude, die so angeordnet waren, daß hinter dem Haus ein großer Hof entstand. Dort durfte sie sich aufhalten, in einem erweiterten Laufstall sozusagen. Manchmal spazierte ihre Mutter mit ihr zum nahen Wald. Dort gab es einen großen Stein, auf welchem sie mit der Mutter Ringelreihen tanzen durfte. Susanne gefiel das sehr, und eines Tages wagte sie sich mit der Lieblingspuppe unter dem Arm hinaus zum Waldrand. Sie erinnert sich noch heute, wie sehr sie sich geängstigt hatte, doch die Lust auf den Ringeltanz war stärker gewesen. Ihre Eltern bemerkten bald das Fehlen der gut behüteten kleinen Tochter. Der Vater holte sie mit heftigem Schimpfen nach Hause. Großmutter, die das Regiment führte, Großvater und Mutter empfingen die kleine Susanne genauso zeternd. Täglich wiederholte sich nun das gleiche. Susanne schlich sich mit der Puppe hinaus und wurde zurückgeholt, mit Schelte überhäuft und mit Liebesentzug bestraft. Trotzdem blieb Suanne bei ihrem Ritual. Ihre Mutter, so erinnert sich Suanne heute, sei dann einmal mitgekommen und hätte mit ihr tanzen wollen, doch das habe sie abgelehnt. – Wie kann man nun das Ganze verstehen? Susanne war, wie erwähnt, ein sehr behütetes Kind, das einzige Kind auf dem Hof, das erstgeborene. Es ist anzunehmen, daß sie überbehütet war und man ihr wenig Freiheiten gewährte. Mit dem räumlichen Abstand konnte sie ausdrücken, daß sie aus der engen, von Frauen dominierten Welt ein Stück weit ausbrechen wollte. Viele Kinder in diesem Alter zeigen diese Ablösung auf diese Weise, falls sie dazu überhaupt Gelegenheit haben. Leider ist das heutzutage vielerorts gar nicht mehr möglich.

Der Ringeltanz, ein Kreistanz, ist wohl eine der ältesten Tanzformen. Er wird von Kleinkindern sehr geliebt und es ist kein Zufall, daß sie zur selben Zeit Kreiszeichnungen anfertigen. Der Kreis ist Ausdruck eines Rituals zur „Ich-Sammlung", in tiefenpsychologischer Sprache formuliert. Im Falle der kleinen Susanne bedeutet es, daß sie damit ihre Selbständigkeit betonen wollte, unbewußt natürlich. Aus diesem Grunde verweigerte sie den Tanz mit der Mutter zusammen, denn das wäre einem Verlust ihrer Eigenständigkeit gleichgekommen. Hätten die Eltern anders reagieren können? Das ist im nachhinein schwer zu sagen. Wir wissen nicht, wie gefährlich das Unterfangen des kleinen Mädchens wirklich war. Vielleicht wäre es aber doch möglich gewesen, Susanne für ihr Ritual eine Zeit einzuräumen und dieses aus der Ferne zu überwachen. Sicher war die Strafe, Schimpfen und Liebesentzug, weder nützlich noch förderlich. Susanne bekam nur das Gefühl, ein arg böses Kind zu sein, ohne zu verstehen warum. Ihr späteres ungenügendes Selbstwertgefühl ist kaum nur auf dieses Ereignis zurückzuführen, doch ist anzunehmen, daß dies ein bleibendes Verhaltensmuster ihrer Eltern war, wenn sie mit ihrer Tochter überfordert waren.

Ein anderes Beispiel zeigt, wie man mit einer ähnlichen Situation umgehen kann:

„Auf der Alp"

Die zweieinhalbjährige Elisabeth, jüngstes von vier Geschwistern, war auch das jüngste Kind in einem schweizerischen Bergdorf. Jedermann kannte die lustige Kleine, die in den Häusern ein- und ausging, als sei sie überall zu Hause. Es war also möglich, dem Kind einen großen Freiraum zu gestatten. Der Bruder von Elisabeth ging in den Kindergarten, der sich neben der Kirche mitten im Dorf befand. Es war für die Kleine schwer zu verstehen, daß sie, die überall zu Hause war, ausgerechnet nicht in den Kindergarten gehen durfte. Wenn sie im Garten spielte, hörte sie den Gesang der Kinder. Ein Lied gefiel ihr besonders gut. Es hieß: „Auf der Alp ist ein herrliches Leben." Das Mädchen wußte nicht, was eine Alp ist, ein herrliches Leben war schon eher vorstellbar. Elisabeth entwickelte nun folgendes Ritual: Sie füllte ihren Puppenwagen mit ihren liebsten Sachen, schlüpfte in ihre Stiefel und verabschiedete sich mit großem Lamento von ihrer Mutter, welcher sie befahl zu weinen. Dann zog sie los und ging zur nahegelegenen Kirche, um dort ihre Schätze auszubreiten und zu spielen. Nach geraumer Zeit, das konnte eine Stunde dauern, packte sie den Wagen wieder sorgfältig ein und fuhr ihre Habe nach Hause, wobei sie von ihrer Mutter einen überaus freudigen Empfang verlangte. – Man kann sich nun fragen, ob das ein Spiel oder ein Ritual war. Ich meine, das war ein richtiges Ritual, erfunden von einem Kind, das sich ausgeschlossen fühlte und sich so eine eigene herrliche Welt erschuf.

Ein Spiel unterscheidet sich insofern von einem Ritual, als es sich wandeln kann, so daß immer neue Möglichkeiten und Spielweisen dazukommen. Ein Ritual läuft immer genau gleich ab und wirkt auf den Außenstehenden fast langweilig. Die Mutter von Elisabeth erzählte, immer wenn die Kleine übellaunig war und quengelte, habe sie ihr vorgeschlagen, auf die Alp zu gehen. Das sei ein gutes Mittel gewesen, um das Kind zu beruhigen. Im Ritual übte das Kind die Trennung von der Mutter, die weinen mußte, und die Wiederannäherung an die Mutter, die große Freude zeigen mußte. Wichtige psychologische Erkenntnisse wurden von diesem Kind auf ganz einfache Art dargestellt.

Ich bin sicher, daß alle Kinder auf dieser Altersstufe schon „ihr Ritual" haben, wir Erwachsenen müssen nur genau hinschauen und es zulassen. Vielleicht können wir es dann, wie wir auch im nächsten Beispiel sehen werden, nutzen, wenn sich das Kind wieder einmal „schwierig" verhält.

Telefonieren

Der zweieinhalb Jahre alte Peter lebt mit seinen Eltern in engen Wohnverhältnissen, im obersten Stock eines Wohnblocks. Seine Mutter achtet darauf, daß er mit andern Kinder regelmäßig spielen kann. Dreimal in der Woche kann er morgens mit seiner kleinen Freundin Barbara zusammensein. Kleine Streitereien sind bei diesen Besuchen üblich. Peter hat nun an den Tagen, an denen er seine Freundin nicht sieht, folgendes Ritual entwickelt: Um Punkt zehn Uhr, zu Beginn der Spielstundenzeit, holt er sein hölzernes Telefon, setzt sich bequem auf sein Stühlchen, stellt eine lange Nummer ein und spricht dann immer auf dieselbe Weise mit Barbara: „Hallo, guten Tag, wie geht es? Gut, mir auch. Ja, ja, ... ja, ... nein, ... nein, ... nein, nein, nein ...". Das „Nein" wird lange wiederholt, und der Junge steigert sich in große Wut, bekommt einen roten Kopf, beruhigt sich dann nach einiger

Zeit wieder und beendet das Gespräch: „Ja, ja, gut, tschüß!" – Immer wenn der Kleine aus unersichtlichen Gründen unzufrieden war, forderte ihn seine Mutter auf, doch mit Barbara zu telefonieren. Peter konnte so seiner Wut auf unschädliche Weise Ausdruck geben und fühlte sich nach dem Ausbruch wieder besser.

IM MAGISCHEN ALTER

Das magische Alter dauert etwa vom vierten bis zum siebten Lebensjahr. Es wird auch Märchenalter genannt, weil jetzt Märchen eine große Rolle zu spielen beginnen, die Kinder fesseln und in ihren Bann ziehen. Ich werde später noch genauer auf Märchen eingehen, da sie zu einem zentralen Thema in diesem Alter werden können. Doch „magisch" bezeichnet für mich diese Lebensphase treffender, weil das Kind wie ein Magier alle Dinge beliebig verwandeln kann, kraft seiner Gedanken oder Worte: Das Spielzeugauto kann als Schiff benutzt werden und wenn es sein muß, auch noch brüllen wie ein Löwe. Verständlich, daß sich mächtig fühlen muß, wer zu solchem fähig ist. Eine magische Welt ist aber auch sehr gefährlich. Ist der Vorhang im Zimmer nicht doch vielleicht eine Hexe? Des Nachbarn schwarzer Hund mit den großen Zähnen, ist er am Ende gar ein Wolf? Die Phantasie des Kindes kennt keine Grenzen, weshalb die Realität manchmal wieder schmerzlich erlebt werden muß. Wie von jenem Mädchen, das glaubte, schnell auf eine Tanne fliegen zu können, um dort eine singende Amsel genauer anzusehen. Trotz gewaltiger Anstrengungen und heftiger Flatterbewegungen der Arme kam die Kleine keinen Millimeter vom Boden weg. Eine ungeheure Kränkung. Tagelang versuchte sie es wieder und wieder, bis sie schließlich den Flugtraum aufgab.

Wir alle einnern uns an jene zauberhafte Zeit – für manche von uns war sie die goldene Kinderzeit, für andere eine Zeit großer Ängste und Unsicherheiten. Gar vieles muß ein kleiner Mensch in diesem Lebensabschnitt bewältigen. Schauen wir uns wieder einige Schwierigkeiten an.

Geschlechtlichkeit

Spätestens mit drei bis vier Jahren entdeckt das Kind, daß es zwei Geschlechter gibt. Kleine Jungen betasten oft und gerne ihren Penis, was durchaus normal ist und kein Anlaß zur Besorgnis sein sollte. Oft sieht man, wie ein Junge in prahlerischer Weise einem Mädchen zeigt, wie weit er pinkeln kann. Es scheint für viele Jungen ein besonderes Vergnügen zu sein, in fast rituell anmutender Weise an Hausecken und in Gärten zu urinieren. Dabei werden sie oft von den Mädchen beneidet.

Doktorspiele sind nun interessant und in der Regel harmlos. Die Kinder haben das Recht, ihren Körper ohne falsche Scham zu entdecken und dabei auf ihre kindliche Weise Lust zu empfinden. Nicht selten masturbieren Kinder in diesem Alter. An sich ist das durchaus natürlich und gehört zur Entdeckung des Körpers. Manchmal aber gibt es Kinder, die davon wie besessen sind. Da wäre es schon gut zu wissen, warum ein Kind so sexualisiert ist. Gründe gibt es dafür verschiedene, wie zum Beispiel eine sexuelle Ausbeutung. Darunter verstehe ich sämtliche Kontakte mit einer nicht altersgemäßen Sexualität wie durch das Anschauen von pornographischen Werken, insbesondere von Video-Filmen. Auch unnötiges Betasten kindlicher Geschlechtsteile durch Erwachsene kann ein Kind sexuell stimulieren. Ein Kind in diesem Alter ist durchaus fähig, seinen Intimbereich selber sauber zu halten. Ebenfalls stimulierend wirken kann ein allzu prüdes Elternhaus, in dem die Geschlechtlichkeit abgelehnt oder verdrängt wird. Die Sexualität ist jedoch ein so starker Trieb, daß er nicht einfach ungestraft auf die Seite geschoben werden kann. Er wird dann an das Kind delegiert. Eltern, die solches bei sich vermuten, brauchen unbedingt die Hilfe eines Eheberaters oder eines Familientherapeuten.

In dieser Zeit macht sich die „ödipale Problematik" bemerkbar. Sigmund Freud prägte diesen Ausdruck, er war der erste, der diesem Phänomen nachging und dessen immense Bedeutung für die Entwicklung jedes Menschen erkannte. (Ödipal ist abgeleitet von Ödipus, einem griechischen Sagenkönig, der unwissendlich seine Mutter heiratete und sich damit in größtes Unglück stürzte.) Knaben erklären oft mit Bestimmtheit, sie würden die Mutter heiraten, wenn sie größer und stärker seien. Was mit dem Vater zu geschehen hat, wissen sie dann meist nicht zu sagen. Die Mädchen schmeicheln dem Vater in verführerischer Weise und sagen, sie möchten später von ihm geheiratet werden. Dies ist eine durchaus normale Erscheinung, die phantasiert werden kann, die aber niemals von Erwachsenen als Freibrief für sexuelle Handlungen mit Kindern mißverstanden werden darf. Das Kind soll immer wieder deutlich erleben, daß die Eltern ein Paar sind, das eine eigene sexuelle Beziehung zueinander hat, von der das Kind ausgeschlossen ist.

Es ist eine völlige Überforderung und eine total falsch verstandene Offenheit, läßt man das Kind an intimsten Begegnungen von Mann und Frau teilhaben – auch wenn es noch so neugierig ist. Kinder, die erleben wie ihre Eltern zusammen schlafen, können dies nicht einordnen, weil sie in ihrer Entwicklung an einem anderen Punkt stehen. Man verlangt von einem Säugling ohne Zähne auch nicht, daß er einen Apfel ißt. Solche Kinder werden frühzeitig sexualisiert und um ein wichtiges Stück Kindheit betrogen. Statt dessen wäre eine altersentsprechende Aufklärung sehr notwendig. In jeder Buchhandlung sind dazu gute Schriften zu finden, welche dem individuellen Geschmack der Eltern entsprechen können.

Zärtlichkeiten zwischen den Eltern müßte jedes Kind erleben dürfen, als etwas, das zu einer Liebesbeziehung gehört. Auf jeder Altersstufe haben die Eltern Vorbildfunktionen. Zärtlichkeit und Körperkontakt sollten dem Kind jedoch auf jeder Altersstufe in jeweils angemessener Form zukommen. Das wirkt niemals sexualisierend, wie noch immer viele Eltern befürchten. Ein solchermaßen geliebtes Kind fühlt sich angenommen, gewinnt eine gute Beziehung zu seinem Körper und lernt ihn als etwas Wertvolles schätzen.

Die ödipale Phase klingt in der Regel von alleine ab. Eine übermäßig starke, ausschließliche und lang anhaltende Bindung an den gegengeschlechtlichen Elternteil kann zu Entwicklungsstörungen führen, welche sich erst im späteren Leben auswirken. Da sind zum Beispiel jene Männer, die große Mühe haben mit Beziehungen zu Frauen, weil sie insgeheim noch zu stark an die eigene Mutter fixiert sind; oder jene Frauen, die alles tun, um ihrem Vater zu gefallen, welche die verrücktesten Lebensweisen auf sich nehmen, die ihrem innersten Wesen nicht entsprechen.

Ängste

Im magischen Alter werden die Kinder von mannigfachen Ängsten geplagt. Nächtliches Aufschreien kann vorkommen – oft ohne daß das Kind weiß, weshalb es sich ängstigt. Man sollte es beruhigen und in der Regel wieder in sein eigenes Bett legen, da sich sonst unangenehme Gewohnheiten einschleichen können. (Es gibt Kinder, die mit zehn Jahren noch das Bett der Mutter benützen.) Hält das nächtliche Weinen über längere Zeit an, sollte Rat geholt werden. Es ist gar nicht so selten, daß das Nicht-schlafen-Können mit der Mutter zu tun hat. Vielleicht ist sie überfordert und möchte am liebsten auf und davon? Ein Kind hat feine Antennen und nimmt genau wahr, wie es um die Mutter steht, oder was sich in der elterlichen Beziehung abspielt. Es hat dann das Gefühl, es müsse dafür schauen, daß die Mutter nicht weggeht.

Die Angst ist ohnehin ein ständiger Begleiter des Menschen, nur kann man sie mehr oder weniger gut verdrängen. Angst ist an sich nichts Schlechtes, denn ohne das Auftauchen von Angstgefühlen würde man sich in größte Gefahren begeben. Das gilt auch für das Kind. Es lernt nun mehr und mehr, wie gefährlich unser Alltag ist und noch genauer zu unterscheiden, was es darf, was verboten ist und was ihm wirklich schadet. Das berühmte schlechte Gewissen beginnt sich zu regen. Das Gewissen entwickelt sich durch Gebote und Verbote der Eltern, ist also kulturell geprägt. Wird dem Kind zu viel vorgeschrieben, zuviel gedroht, zuviel verboten, wird es ein überstrenges Gewissen bekommen. Auch der liebe Gott sollte nicht als allgegenwärtiger Aufpasser dargestellt werden; das kann zu Ängsten führen, die nicht mehr gut sind, die blockieren und die Entwicklung erschweren. Kein Kind getraut sich dann noch, Neues auszuprobieren und Unbekanntes zu erforschen.

Leider treffe ich immer öfter Kinder an, die kaum ein Gewissen haben. Sie wissen kaum, was erlaubt ist und was nun wirklich schlecht ist. Es gibt für sie weder richtig Gut noch richtig Böse. Das kann sich in einem Spiel so ausdrücken, daß der Kasperle und der Teufel, der Prinz und der Räuber alle die gleichen Gauner sind. Auch zwischen dem lieben Gott und dem Teufel besteht kein Unterschied, denn man kann ja keinem trauen. Solche Kinder sind auch von Ängsten geplagt, chaotischen Gefühlen ausgeliefert, und kein Muster hilft ihnen, ihre Welt besser zu verstehen. Es ist eine Überforderung, wenn wir Erwachsenen meinen, einem kleinen Kind die Relativität von Gut und Böse beibringen zu müssen. Das muß zu einem späteren Zeitpunkt erworben werden.

Grundsätzlich gilt, daß wir alle Ängste ernst nehmen und nicht versuchen sollen, sie zu bagatellisieren oder sie vernünftig erklärend wegzuschieben. Es gibt Ängste, denen wir nachgehen sollten, wobei ich vor allem an die Angst vor gewissen Menschen oder Spielkameraden denke. Ich bin überzeugt, daß oft Mißbräuche und Leiden von Kindern verhindert werden könnten, wenn wir genauer hinhören würden, was sie uns in verschlüsselter Sprache mitteilen.

Kindergarten

Mit dem Eintritt in den Kindergarten eröffnet sich nochmals ein Stück neue Welt. Ist das Kind noch nie in einer Spielgruppe gewesen, kann dieser Schritt mit zusätzlichen Ängsten belastet sein. Man sollte dann nicht vorschnell das Kind als „unreif" bezeichnen und ein weiteres Jahr zuhause behalten. Eine erfahrene Kindergärtnerin weiß bald, ob es sich lohnt, Geduld zu haben oder noch ein Jahr zuzuwarten. Auf keinen Fall sollte man einen notwendigen Ablösungsschritt zu lange hinausschieben oder gar verpassen. Solch unabgelöste Kinder erkennt man leicht an ihrem Verhalten. Sie sind ängstlich, weinerlich und suchen bei jeder sich bietenden Gelegenheit Schutz bei der Mutter. Ihre Kameraden, welche diese Problematik schon etwas im Griff haben, durchschauen das sehr bald und hänseln und plagen solche Kinder erbarmungslos. Ein Phänomen, das bis weit in die Schulzeit hinein zu beobachten ist. Aufklärende Gespräche in der Gruppe können nur dann sinnvoll sein, wenn dem Gequälten und seinen Eltern gleichzeitig zu einem notwendigen Entwicklungsschritt verholfen werden kann. Eine Kindergärtnerin sollte da entscheiden können, ob das noch in ihrer Kompetenz liegt oder ob sie eine andere Fachperson zuziehen muß.

Von nun an nimmt die Kindergärtnerin einen ganz besonderen Platz im Leben des Kindes ein. Neben den Eltern und den nächsten Verwandten ist sie häufig die meistgeliebte Person. Das wäre wünschenswert, auch wenn das für Mütter nicht immer leicht ist. Was die Kindergärtnerin sagt, hat fast göttliche Qualität. Ihr zuliebe lernt das Kind manches blitzschnell; auch Dinge, welche die Mutter oft mühsam beizubringen versuchte, um schließlich resigniert aufzugeben. Selbst der Dialekt der Kindergärtnerin kann von ihren Schülern imitiert werden, ihre Vorliebe für bestimmte Farben kann übernommen werden. Ich kenne kleine Mädchen, die sich nur noch in Lila kleiden wollen, weil das die bevorzugte Farbe ihrer Kindergärtnerin ist. Es ist verständlich, wenn da Mütter eifersüchtig werden, denn plötzlich haben sie eine Rivalin bekommen, der alles leichter zu fallen scheint, die dem Kind Dinge in kürzester Zeit vermitteln kann, bei der das Kind angepaßt und folgsam ist. Zuhause hingegen gebärdet es sich wie ein kleiner Teufel. Das ist ein ganz typisches Zeichen für einen Ablösungsprozeß: Man provoziert eine schlechte Atmosphäre und kann sich somit von einem solchen Elternhaus besser abwenden. Wir werden diesem Phänomen noch öfter begegnen, vor allem in der Pubertät. (Das Kindergartenalter wird deshalb etwa auch die „kleine Pubertät" genannt.)

Der umgekehrte Fall ist viel seltener, daß sich ein Kind zuhause unauffällig benimmt und im Kindergarten durch ungebührliches Verhalten stört. Oft sind solche verhaltensauffällige Kinder auch zuhause so, nur haben sich die Eltern daran gewöhnt, oder sie haben leider nicht den Mut, es zuzugeben.

Eine weitere Schwierigkeit ist das Sich-Einfügen in eine Gruppe und der Umgang mit Kameradinnen und Kameraden. In besonderen Glücksfällen gehen Freundschaften, die ein Leben lang halten, auf die Kindergartenzeit zurück. Häufiger ist es aber so, daß man mal diese, mal jene Freunde hat. Es geht da um ein Ausprobieren, um ein Kennenlernen des anderen und seiner Umgebung. Von einem Kind ausschließliche Treue zu erwarten ist Unsinn. Doch leider haben noch viele Erwachsene diese Vorstellung, ja sie verbieten ihren Kindern sogar das Wechseln von Freundschaften, oder sie suchen die Freunde aus, was einer Vergewaltigung gleichkommt. Sicher ist es in jedem Alter wichtig, daß die Eltern die Freunde ihrer Kinder kennen. Dabei kann es schon vorkommen, daß man seinem Kind nicht erlaubt, einen Freund zu besuchen, der sich selber überlassen ist oder sehr verwahrlost aufwächst. Allerdings muß man sich dann schon fragen, was denn so anziehend auf das Kind wirkt. Zugleich sollte man auch nicht zu ängstlich sein und seinem Kind Vertrauen entgegenbringen, nicht blindes Vertrauen, sondern waches Vertrauen.

Ich habe wieder in aller Kürze einige allgemeine Probleme und Hürden dieser Altersstufe darzustellen versucht. Die individuelle Problematik jedes Einzelnen ist natürlich vielfältiger. Die Beschreibung solcher urmenschlicher Phänomene finden wir in den Märchen, weshalb sie eine solche Faszination ausüben. Bevor wir uns Ritualbeispielen zuwenden, möchte ich einige grundlegende Dinge zu den Märchen sagen, da gerade sie eine große Rolle spielen im Alltag der meisten Kinder und bei Schwierigkeiten rituell eingesetzt werden können. Märchen schildern Entwicklungsschritte, wie sie im Leben vorkommen, zum Beispiel im Trotzalter, beim Schuleintritt, in der Pubertät, bei der Heirat, in der Lebensmitte, etc. Märchen sind nicht nur Geschichten für Kinder, sprechen aber diese besonders an mit ihrer farbigen Symbolsprache. Jede Krise wird, wie wir schon gesehen haben, von Ängsten und Unsicherheiten begleitet. Diese inneren Konflikte können auf Märchenfiguren projiziert werden, zum Beispiel auf die Hexe, die Stiefmutter, den Wolf, den Räuber, etc. Die Auseinandersetzung mit diesen Kräften wird im Märchen oft in grausamen Handlungen dargestellt, die in der äußeren Realität keine Entsprechung finden. Das Fehlen von Orts- und Zeitangaben im Märchen symbolisiert, daß es sich nicht um äußere Wirklichkeit handelt, sondern um innere seelische Bilder. Die destruktiven Kräfte werden vom Märchenhelden überwunden und besiegt. Der gute Ausgang des Märchens fördert und unterstützt die positiven

Kräfte des Kindes wie Mut, Ausdauer, Tapferkeit, Vertrauen, Geduld, etc., die es zur Überwindung jeder Schwierigkeit braucht.

Rituale in diesem Altersabschnitt sollten folgende Schwierigkeiten helfend begleiten:

- Allmähliche Ablösung von den engsten Bezugspersonen
- Finden von neuen Bezugspersonen
- Ängste besser bewältigen
- Einfügung in eine Gruppe
- Bewältigung der ödipalen Problematik
- Entwicklung eines positiven Geschlechtsidentitätsgefühls
- Entwicklung eines für die Schule nötigen Realitätsbewußtseins

Die folgenden Ritualbeispiele sollen die Problematik des magischen Alters verdeutlichen.

Rituelles Geschichtenerzählen

Die allermeisten Kinder lieben es, Geschichten zu hören. Leider wird das lebendige Erzählen immer häufiger Tonbandkassetten überlassen. Viele Mütter meinen, ihre Erzählkunst sei nicht so gut und verzichten aufgrund falscher Minderwertigkeitsgefühle ganz aufs Erzählen. Doch die beste Kassette ersetzt niemals einen lebendigen Erzähler oder eine Erzählerin, weil der unmittelbare Kontakt zum Kind so wichtig ist. Manchmal möchte es eine Szene nochmals hören oder nachfragen. Der Erzähler wiederum spürt genau, wo sich das Kind freut, an welchen Stellen es sich besonders ängstigt, oder welchen Abschnitt das Kind eventuell gar nicht hören will.

Es gibt einige Regeln, die wir beim Geschichtenerzählen beachten müssen:

- Die Atmosphäre, in der das Kind Geschichten hört, ist wichtig. Sie soll Geborgenheit vermitteln. Es lohnt sich zu überlegen, wie es am gemütlichsten ist, wo man so richtig bequem sitzen kann und am wenigsten gestört wird, damit sich alle richtig in die Geschichte hineinbegeben können.
- Kleineren Kindern sollten nur einfache Geschichten mit einer klaren Handlung erzählt werden. Dazu eignen sich Volksmärchen und auch unkomplizierte biblische Geschichten.
- Der Ausgang der Geschichte sollte immer positiv sein.
- Der Erzähler / die Erzählerin sollte sich ganz der Führung des Kindes überlassen. Geschichten, die es ängstigen oder die es nicht gerne hat, sind wegzulassen.
- Niemals einem Kind ein Märchen deuten (das ist nur für Jugendliche oder Erwachsene sinnvoll). Biblische Geschichten oder Märchen sprechen durch sich selber, weshalb es nicht nötig ist, sie zu dramatisieren.
- Geschichten, die mich als Erzählerin selber ängstigen, weglassen.
- Ein gestreßter Erzähler, der seine Gedanken an einem anderen Ort hat, schaltet besser das Tonband ein.

Zum rituellen Erzählen gehört, daß man diese Zeit mit dem Kind oder den Kindern gestalten sollte. Erstaunlich ist, daß Kinder phasenweise immer die selben Geschichten hören möchten, immer wieder, immer wieder ... Manchmal wird das einem zu viel, zu anstrengend, zu langweilig, ja, oft versucht man, mit kleinen Tricks das Kind von seinem Wunsch abzubringen. Doch gerade das gehört zum Ritual, in unserem Fall zum Entwicklungsritual, daß es wiederholt wird, bis es seinen Zweck erfüllt hat, bis ein Problem gelöst ist. Wenn Kinder immer wieder dasselbe hören wollen, trifft genau diese Geschichte ihre Problematik und zeigt deren Lösungsmöglichkeiten auf. Es ist aber grundfalsch zu meinen, man könne einen Katalog erstellen und sagen, diese Geschichte gehöre zu dieser Schwierigkeit, jene zu einer anderen.

Nehmen wir als Beispiel „Hänsel und Gretel": Die kleine Mara liebte dieses Märchen über alles. Es blieb ihr Lieblingsmärchen bis weit in die Schulzeit hinein. Warum? Maras Vater war Alkoholiker, oft schlug er Frau und Kind. Das Mädchen fürchtete sich sehr vor ihm, liebte ihn aber auch gleichzeitig. Für sie war die Szene, als der Vater die Kinder wieder liebevoll bei sich aufnahm, die allerschönste Stelle der Geschichte, weshalb sie dies immer wieder hören wollte. Das gab ihr die Kraft, die wüsten Szenen mit dem Vater besser durchzustehen. – Ein Mann erinnert sich, daß dieses Märchen seine Lieblingsgeschichte war, die er in ritueller Weise immer wieder hören wollte. Dieser Mann wuchs in sehr ärmlichen Verhältnissen in der Nachkriegszeit auf, nie gab es genug zu essen, der Hunger war sein ständiger Begleiter. Die Szene vom Lebkuchenhaus tröstete den kleinen Jungen, der hoffte, einmal ein solches zu finden, ja, er war zutiefst davon überzeugt, was sich in den späteren Jahren tatsächlich bewahrheitete. Inzwischen bekleidet dieser Mann eine Stellung, in der er nach menschlichem Ermessen nie mehr leiblichen Hunger wird leiden müssen.

Ein drittes Beispiel möchte ich von meinen Kindern erzählen. Meine beiden Jüngsten, ein Junge und ein Mädchen, liebten es über Monate hinweg, morgens zu mir ins Bett zu kommen und sich die Geschichte von „Hänsel und Gretel" erzählen zu lassen. Peinlich achteten sie darauf, daß der Wortlaut derselbe blieb, täglich. Ich selber arbeitete in jener Zeit außchließlich für meine Familie und gab mir große Mühe, eine gute Mutter zu sein, rund um die Uhr, aufopfernd, selbstverleugnend ... Wie an früherer Stelle erwähnt, engt man auf solche Weise die Kinder allzugern ein. Nun begannen die beiden, von mir zu verlangen, daß ich als Hexe das Märchen auch noch spielen müßte, und zwar nur jene Szene, in der die Hexe im Ofen verbrannt wird. Sie stießen mich dazu in einen selbstgebastelten Ofen aus Kartonschachteln und ließen mich darin in unangenehmer Stellung verharren. Die dumme Hexe wurde hämisch ausgelacht. Nach Stunden, so schien es mir wenigstens, hießen sie mich sehr freundlich und mit Engelsminen herauszukommen und flöteten, ich dürfe nun wieder die Mama sein. Ich denke, da erübrigt sich eine Erklärung.

Angst

Adrian, ein aufgeweckter Junge, fröhlich, unternehmungslustig, war stets auch für allerlei Streiche mit seinen Kindergarten-Kollegen zu haben. Angst schien er keine zu verspüren. Mit seinen Eltern durfte er im Theater das Märchen „Der Wolf und die sieben Geißlein" ansehen. Die Eltern hatten sich lange überlegt, ob sie das dem Jungen zumuten könnten, da sie nie Märchen erzählt hatten, weil sie diese zu brutal fanden. Viele Kinder hätten sich während der Aufführung geängstigt, erzählte die Mutter. Nicht so Adrian. Großmaulig behauptete er, wie unecht der Wolf gewirkt habe und wie faul die Tricks gewesen seien, als er die Geißlein verschlang. Daß man da Angst empfinden könne, sei für ihn schwer verständlich, wahrscheinlich seien die meisten Kinder noch kleine Babys. Abends, zur Schlafenszeit, schlich sich Adrian weinend zu seinen Eltern ins Wohnzimmer. Er wisse nun gar nicht mehr, ob der Wolf am Ende nicht doch echt gewesen sei. Er habe nun plötzlich fürchterliche Angst, der Wolf könnte in seinem Zimmer stehen – und was dann? Es war das erste Mal, daß Adrian in einem solchen Ausmaß Angst äußerte. Der Vater forderte den Jungen auf, den Wolf zu zeichnen. Es wurde ein grimmiges Tier mit großen Zähnen. Adrian weinte erneut. Wenn der nun plötzlich lebendig werde, fürchtete er sich. Die Mutter schlug vor, den Wolf zu zerstückeln und in der Toilette hinunter zu spülen. Adrian war einverstanden. Dieses Ritual wiederholte sich während mehreren Wochen. Wie kann man es verstehen? Adrian hat, wie so viele Jungen seines Alters, bewußt nie Angst zeigen können, er hat sie verdrängt. Bei ihm äußerte sie sich in gelegentlichem Bauchweh. Warum es zu diesem Verhalten kam, wissen wir nicht. Es ist auch den Eltern ein Rätsel. Im bösen Wolf fand Adrian eine geeignete Projektionsfigur. Er entdeckte einen „Aufhänger" für seine Ängste und konnte sie in Schach halten, indem er sie täglich vernichtete. Der Bauch mußte nun nicht mehr weh tun, da Adrian in der Folge lernte, seine Ängste zu äußern, und seine Eltern hatten endlich die Möglichkeit, angemessen darauf zu reagieren. Es hätte gar nichts genützt, hätten sie Adrian das Bauchweh gedeutet; er hätte es in seinem Alter kaum begreifen können. Adrians Eltern verstanden nun die heilende Wirkung, die Märchen haben können und erzählen jetzt regelmäßig Volksmärchen.

Biblische Geschichten können genau die gleiche Wirkung zeigen, sofern sie sorgfältig ausgesucht werden, einfach strukturiert sind, einen guten Ausgang haben und so das Vertrauen in einen guten Gott stärken.

Dunkle Zeiten

Die kleine Ida liebte die Geschichte von Jonas im Walfisch-Bauch über alles; immer wieder wollte sie diese von der Großmutter erzählt haben. Idas Eltern lebten in finanziellen Nöten und stritten sich viel, Schläge waren nicht selten. Die Kinder bekamen alles mit. Es ist mir allerdings nicht bekannt, ob sich Ida an diesen Streitereien schuldig fühlte. Das wäre durchaus möglich, denn oft haben die Kinder das Gefühl, sie seien an den Meinungsverschiedenheiten der Eltern maßgeblich beteiligt, weil sie böse gewesen seien oder die Mutter mehr liebten als den Vater – der Gründe sind unzählige. Sicher ist, daß Ida sich oft fühlte wie in einem dunklen Engnis. Die Gewissheit, daß Jonas in ein schönes Land kommen würde nach all dem Elend, gab ihr immer wieder Kraft. Sie überstand die unerfreuliche Zeit relativ gut und ist nun, nach der Scheidung der Eltern, wieder ein fröhliches Kind. Jonas interessiert sie im Moment gar nicht.

Sonnenritual

Achim liebte die Sonne und ertrug unser regnerisches Klima schlecht. Immer bei Regenwetter stellte er sich dreimal täglich ans Fenster und sang das Lied der Sonne, welche eingeschlossen sei im Haus des Regens. Sie solle sich endlich sputen und herauskommen, da alle Kinder auf sie warten würden. Er war fest davon überzeugt, daß sein Singen nütze, wenn nicht heute, dann doch morgen oder übermorgen oder irgendwann einmal. Das Ritual erinnert an die viele Regenmacherrituale in Dürregebieten. Sie scheinen mir sehr sinnvoll und notwendig, denn auch wenn sie den Regen nicht herzaubern können, so geben sie den geplagten Menschen Kraft und Mut, die unglaublich harte Zeit besser zu ertragen. Solange man noch Hoffnung haben kann, ist vieles leichter zu erdulden.

Einschlafrituale

Sie werden uns, wenn auch in abgeänderter Form noch manche Altersstufen hindurch begleiten. In vielen Familien hat sich eine „Gute-Nacht-Geschichte" eingebürgert. Dazu sind viele gute Bücher erhältlich. Diese Geschichten sollten aber, wenn sie ein wirkliches Ritual sein sollen, jeden Abend erzählt werden – ungeachtet dessen, was vorher war, wie sehr einen die Kinder geärgert haben mögen. In vielen Familien wird als Strafe die Geschichte ausgelassen. Ich finde, daß da Strafe an einem falschen Ort praktiziert wird und empfehle statt dessen, ein kurzes Einschlafritual zu machen, das man jederzeit durchführen kann. Dazu scheint mir ein Gebet das geeignetste Mittel zu sein. Das Beten hilft auch mir, mich mit den Kindern zu versöhnen, was doch ganz wichtig ist für eine gute Nacht. Kein Mensch schläft gut mit schlechten Gedanken und unguten Gefühlen. Man kann auch beides tun, erzählen und beten. Das Beten hat aber noch eine andere Wirkung, deren Macht nicht zu unterschätzen ist. Mit dem Beten versuche ich, in Kontakt zu kommen mit göttlichen Kräften, ob ich sie nun als in mir oder über mir empfinde, ist letztlich nicht so wichtig. Den Weg zu solchen Erfahrungen sollten wir unseren Kindern mindestens zeigen. Mit dem Beten ist es wie mit allen Ritualen: Man muß sie wiederholen, mit großer Regelmäßigkeit. Erst dann entdeckt man ihren wahren Wert.

Kindergartenangst

Hans wuchs als einziges Kind auf einem abgelegenen Bauernhof auf. Die Eltern und ein alter Knecht waren seine einzigen Bezugspersonen. Nun sollte der Kleine, der noch nie längere Zeit von seiner Mutter weg war und noch nie eine Spielgruppe besucht hatte, in den Kindergarten eintreten. Verständlich, daß es da Probleme gab. Hans schrie am ersten Kindergartentag ohne Unterlaß und wollte seine Mutter nicht nach Hause gehen lassen. Sie selber brachte das auch nicht übers Herz und weinte hilflos. Auf Vorschlag der Kindergärtnerin blieb die Mutter während einer Woche mit ihrem Sohn zusammen im Kindergarten. Ein erneuter Versuch, Hans allein dazubehalten, scheiterte. Die Kindergärtnerin merkte, daß es ein Problem von Mutter und Sohn war, nicht nur eines des Jungen. Sie schlug deshalb vor, daß die Mutter einige Zeit bleiben, dann dem Jungen ihr Kopftuch, das sie immer trug, geben und von Hans das Stofftier, das er unter dem Arm trug, ihrerseits mit nach Hause nehmen solle. Es funktionierte. Hans band das Kopftuch mit Hilfe der Kindergärtnerin um seine Stuhllehne, und die Mutter trug das Stofftier auf dem Arm heim. Schon bald konnte Hans allein kommen, knüpfte sorgfältig das Tuch an seinen Stuhl und integrierte sich schnell in der Gruppe. Von seinen Kameraden wurde er nicht ausgelacht. Die Kindergärtnerin verstand es, ihren Kindern die Schwierigkeiten von Hans zu erklären.

Typisch an diesem Beispiel ist, daß die Mutter ein Ritual brauchte, um sich besser von ihrem Sohn lösen zu können. Wenn ein Kind übermäßig große Probleme mit dem Kindergarteneintritt hat, ist es immer auch ein Problem der Mutter, des Vaters oder der Familie. Nicht immer ist es so einfach zu lösen wie im obigen Beispiel.

Abschied von der Mutter

Auch Kevin hatte Mühe, täglich in den Kindergarten zu gehen, obwohl er seine Kindergärtnerin heiß liebte. Bei Mama war es trotzdem noch schöner. Er erfand nun selber ein Ritual: Jeweils vor dem Gang in den Kindergarten mußte sich seine Mutter auf einen Stuhl setzen, worauf Kevin sie umkreiste, einen kleinen Rucksack auf dem Rücken, in der Hand einen Haselstecken, dazu sang Kevin ein schweizerdeutsches Lied, das er im Kindergarten gelernt hatte. „Bündeli uf em Rugge, Schtäckli i dä Hand, adie liäbi Mueter, ich reise jetzt is Land …“ (Ein Bündel auf dem Rücken, einen Wanderstab in der Hand, ade liebe Mutter, ich reise nun ins Land hinaus …) Während Kevin sang, befahl er der Mutter zu weinen. Dieses Ritual wurde während einiger Wochen täglich, dann nur noch sporadisch vollzogen.

Deutlich wird an diesem Ritual, wie einfallsreich die Kleinen sind, wie gut ihr Zugang zu ihren stärkenden Kräften ist. Wir Erwachsenen müssen nur aufmerksam auf die Äußerungen der Kinder achten und sie entsprechend ernst nehmen.

Gewalt im Kindergarten

Selbst Kindergärten werden von der Gewaltwelle nicht verschont. Gewalt an sich gehört zum Menschsein, es geht jedoch darum, sie in erträglichen und wenn möglich ungefährlichen Grenzen zu halten. Gewalt kann gesteuert werden mit Ritualen, was wir auch noch in anderen Altersstufen sehen werden.

Im Kindergarten einer Vorstadtgemeinde schwang sich ein Junge mit eindeutig verwahrlosten Zügen zum Rädelsführer auf. Jedes Spielzeug verwandelte er in ein kriegerisches Kampfmittel. Begeistert machten seine Kameraden und Kameradinnen mit, so daß das freie Spiel nur noch aus Kämpfen bestand, die oft gar nicht so harmlos endeten. Keines der Kinder konnte dem Anführer widerstehen, und die Bande wurde immer wilder. Die Kindergärtnerin, eine erfahrene Erzieherin, schaute dem Treiben eine Weile zu. Dann mußte sie eingreifen, denn die Kinder waren nicht mehr fähig, die entfesselten Aggressionen aus eigener Kraft zu bändigen. Sie erzählte den Kindern von einem Mann, der in der Schweiz zu seiner Zeit sehr bekannt war als Friedensapostel. Mit einer weißen Fahne bereiste er die halbe Welt und warb für Frieden und Abrüstung. Die Kindergärtnerin muß eine sehr begabte Erzählerin gewesen sein und genau den richtigen Zeitpunkt für die Geschichte gewählt haben, denn sie „zündete“. Einige Kinder fanden, sie könnten doch auch eine Abrüstung machen. Unter Anleitung der Kindergärtnerin wurde nun alles Kriegsmaterial zu einem großen Haufen aufgetürmt. Eine weiße Fahne wurde gebastelt und von allen Kindern unterschrieben – sie wollten nun Frieden halten. In einer Zeremonie wurden alle Spielsachen, das frühere Kriegsmaterial, wieder ihrer eigentlichen Bestimmung zurückgegeben. Der Rädelsführer wurde entmachtet. Begannen er oder ein anderes Kind Streit, wurden sie von den anderen darauf aufmerksam gemacht, daß sie die Friedensfahne mitunterschrieben hätten. Natürlich genügte die Fahne allein nicht, gleichzeitig mußten die Kinder lernen, Konflikte auf andere Weise zu lösen.

An diesem Beispiel wird deutlich, wie stark kollektive Rituale wirken können, wie mächtig die geweckten Kräfte sind. Rituale in der Gruppe sollten in gutem Sinne genutzt werden. Ich denke da auch an die Anfangs- und Schlußrituale im Kindergarten. Oft sagen mir Kindergärtnerinnen, sie fänden es langweilig, immer auf die gleiche Weise den Unterricht zu beginnen und ihn stets mit dem gleichen Lied abzuschließen. Ich denke, sie unterschätzen da die Kraft der kollektiven Rituale, wie ich es auch an folgendem Beispiel zeigen möchte.

Gefährlicher Heimweg

Jasmina hatte einen außerodentlich gefährlichen Schulweg. Sie wußte, daß sie sehr aufpassen mußte beim Überqueren von zwei stark befahrenen Straßen. Im Kindergarten sangen zum Schluß alle Kinder das Lied von der Elfuhrglocke. Dabei falteten sie die Hände über dem Kopf und ließen den Mittelfinger wie eine Bimmel hin und her baumeln. Jasmina stellte sich vor, daß der liebe Gott, der ohnehin etwas mit den Kirchenglocken zu tun habe, auf sie aufpassen werde, wenn sie das Glöcklein schön bimmeln lasse. Sie ging dann mit Zuversicht nachhause, paßte auf und war überzeugt, daß ihr nichts passieren konnte. Die Vorstellung von Jasmina ist ganz typisch für ein Kind im magischen Alter. Für sie war es ganz wichtig, daß dieses Ritual täglich sorgfältig durchgeführt wurde. Ein Schutzgebet hätte die gleiche Funktion erfüllen können.

IM GRUNDSCHULALTER

Erste Schulzeit

Seit dem Ende des Kindergartens klingt nun das magische Alter langsam ab, langsam wird es überlagert von mehr rationalem Denken. Die Realität wird anders wahrgenommen und anders verstanden. Wie schnell sich das ändert, ist vom einzelnen Kind und seiner familiären Situation abhängig, in der es aufwächst. Ein sehr rationales Elternhaus wird das Kind in seinem Denken stark beeinflussen.

Für viele Kinder kommt nun eine eher ruhige Zeit, sie haben die Stürme der Trotzphase und „der kleinen Pubertät" hinter sich. Sie wissen, daß die Welt nicht bei der Wohnungstüre aufhört und ängstigen sich weniger vor weiteren, neuen Erfahrungen. Sie wissen, wie eine Kindergruppe funktioniert und fühlen sich in einer solchen, wenn bisher alles gut verlief, einigermaßen wohl und geborgen. Freilich müssen die Beziehungen nach außen noch ausgebaut werden, doch dies sollte nun nicht mehr Anlaß zu großen Ängsten geben, mit Freude sollten neue Kameradinnen und Kameraden gesucht werden können. Das Kind wird zum Schüler, was für viele eine Klippe bedeutet. Es muß Leistungen erbringen und eine Arbeitshaltung entwickeln. Viele Kinder stehen wäh-

während dieser Zeit unter großem Leistungsdruck, andere wiederum langweilen sich in der Schule.

Das Lieblingsobjekt, ein Tier, eine Puppe, ist auch jetzt noch wichtig. Ihnen klagen die Kinder ihre Nöte und Sorgen, mit ihnen vollführen sie geheime Rituale, zu denen die Erwachsenen keinen Zugang haben sollen. Das ist auch richtig so und stärkt die Autonomie des Kindes. Viele wünschen sich nun ein eigenes lebendiges Tier. Wo das möglich ist, sollte diesem Wunsch stattgegeben werden. Dabei ist zu bedenken, daß die meisten Kinder damit überfordert sind, alleine ein Tier artgerecht zu halten und gut zu versorgen. Sie sind da auf die Hilfe der Erwachsenen angewiesen. Es lohnt sich aber, als Eltern diese zusätzliche Arbeit auf sich zu nehmen. Nur so lernen die Kinder die Achtung vor der Kreatur. Wer nie lernt Tiere zu lieben, wird kaum einen Zugang zur Natur finden. Unser aller Überleben hängt aber davon ab, wie wir mit unserer Umwelt umgehen, deshalb ist es die Aufgabe der Eltern und Erzieher, den Kindern den Umgang mit Tier und Natur zu lehren. Es gibt leider noch öfter Kinder, die kein Haustier halten dürfen, weil es zu viel Schmutz mache. Ich meine, da ist die Hygiene am falschen Platz.

Ich möchte wieder einige spezifische Probleme dieser Altersstufe aufzeigen.

Schuleintritt

Kein Kind tritt mit leerer Schultasche in die Schule ein. Auf dem Boden der Tasche liegen bereits einige Erfahrungen aus dem Kindergarten. Sind diese positiv, wird der Schuleintritt sehr erleichtert, mutig kann sich das Kind neuen Anforderungen stellen. Begreiflicherweise haben bereits entmutigte Kinder einen schwierigen Start und sind von Anfang an benachteiligt. Ihnen sollte viel Aufmerksamkeit geschenkt werden, von Seiten der Lehrer und der Eltern. Es lohnt sich, die kleinen Schulanfänger zu ermutigen, auch wenn das Eltern einige Zeit kosten kann. Frühe Schulerfahrungen können die ganze Schullaufbahn prägen, sowohl positiv wie auch negativ.

Neben den Erfahrungen finden wir in der Schultasche aber auch Erwartungen des kleinen Schülers. Viele stellen sich vor, endlich in sehr kurzer Zeit viel Wissen beigebracht zu erhalten. Die einen sind manchmal enttäuscht, daß gar nicht so viel von ihnen gefordert wird. Andere wiederum sind heilfroh, daß der Stoff noch so leicht zu bewältigen ist. Viele Kinder freuen sich vor allem auf die Lehrerin oder den Lehrer als neue erwachsene Bezugsperson. Für manche ist es dann schwierig zu erfahren, daß sie diese mit zwanzig anderen Kindern teilen müssen. Andere Kinder erwarten sehr viel von ihren Schulkameraden und sind vielleicht enttäuscht, wenn sie nicht schon am ersten Tag Freundschaften schließen können.

Erwartungen haben alle Kinder, sie können diese aber unterschiedlich gut formulieren. Kinder haben aber die Fähigkeit, im Gegensatz zu uns Erwachsenen, ihre Erwartungen sehr schnell zu verändern und der jeweiligen Situation anzupassen.

Erwartungen der Eltern

Schwerer tragen die Kinder an den ausgesprochenen und unausgesprochenen Erwartungen der Erwachsenen. Auf die ausgesprochenen Erwartungen kann man als Lehrer oder Therapeut eingehen und im besten Fall korrigierend wirken. Es gibt leider gar nicht so wenige Eltern, die ganz genaue Vorstellungen haben, was ihre Tochter oder ihr Sohn einmal werden müßte. Die schulische Laufbahn wird den kleinen Erstklässlern genau geschildert, auch wenn diese davon keine blasse Ahnung haben. Ein Erstklässler sagte, er wolle Kaminfeger werden, weil man da nicht so auf die Kleider achten müsse, sie seien ohnehin immer schmutzig. Seine Mami sage aber, er müsse zuerst auf die Hochschule und dann ins Gymnasium (er sagte „Ginas"), der Papi meine aber, die TH („TH" = Technische Hochschule) sei viel besser.

Die Mutter eines Kindes mit einer sehr verzögerten Entwicklung wünschte, daß ich das Kind so fördere, daß es Ingenieur werden könne, wie es sein Großvater gewesen war. Der Vater sei eben „nur" Buchhalter, ihr Sohn müsse hingegen einen standesgemäßen Beruf ergreifen. Es versteht sich, daß diese Therapie nie zustande kam und ich die Mutter ihrerseits aufforderte, diese Probleme mit einem Spezialisten zu erörtern.

Gewiß sind das zwei extreme Beispiele für Erstklässler; in den höheren Klassen sind sie fast alltäglich. Das betraf die ausgesprochenen Erwartungen. Viel schlimmer sind die unausgesprochenen. Die meisten Eltern betonen zwar, daß ihnen das Glück des Kindes wichtiger sei als die guten Schulleistungen. Leider sind gute Leistungen und Glück bald ein und dasselbe. Schon kleine Kinder spüren das und leiden oft unsäglich darunter, daß sie die Eltern enttäuschen müssen. Ich meine nicht, daß Eltern keine Phantasien haben sollen, was aus ihren Kindern werden könnte. Phantasien haben die

Fähigkeit, sich schnell zu ändern, wenn es erforderlich ist. Das wäre gut und förderlich für das Kind.

Erwartungen haben alle Eltern, nur geben sie es manchmal nicht zu, weil sie denken, das sei doch unangemessen. Erwartungen sind gut, aber sie müssen sich immer wieder am Kind orientieren und sich dementsprechend ändern. Erwartungen, wenn es schlechte sind, wirken auch dementsprechend negativ auf das Kind. Ich denke da an eine Adoptivmutter, die wußte, daß die leibliche Mutter ihrer Adoptivtochter in einem Bordell arbeitete und die von vornherein behauptete, die Anlagen der leiblichen Mutter seien auch im Kind vorhanden und sie sehe es kommen, daß ihre Adoptivtochter am gleichen Ort lande. Es kam dann tatsächlich so heraus, nachdem das Mädchen jahrelang unbewußt wahrgenommen hatte, wozu es vom Schicksal bestimmt sei. Das ist eine üble Art von Kindesmißhandlung.

Klassenzugehörigkeit

Sich einer Schulklasse zugehörig zu fühlen, ist für alle Kinder von größter Bedeutung. Ich kenne kaum einen Lehrer, der dies nicht erkannt hat und sich größte Mühe gibt, alle Kinder zu integrieren. Es gibt unzählige Gründe, warum sich ein Kind nicht integrieren kann: der Lehrer mag es nicht, die Eltern sind selber nicht integriert in der Gesellschaft oder im Dorf, und das Kind muß sich aus Loyalität ebenso verhalten (häufig bei Kindern aus fremdsprachigen Familien), die Eltern sind bewußt überangepaßt, oder das Kind lebt den unbewußten Teil, das heißt eine Seite der Eltern, die unterdrückt oder verleugnet wird. Eltern und Erzieher sollten sich gut überlegen, wie sie einem Kind die Integration in die Schulklasse erleichtern können. Ein Erwachsener kann seine Arbeitsstelle meistens selber aussuchen, ein Kind muß aber in die ihm zugewiesene Schule gehen und kann das Schulhaus oder die Klasse nur in ganz seltenen Fällen wechseln. Dabei ist der Erfolg sehr ungewiß, wenn man die Hintergründe der Ausgrenzung nicht genau kennt und diese nicht beheben kann.

Rituale in dieser Zeit habenn folgenden Sinn:
- Nochmals ein Stück Ablösung vom Elternhaus (während der ganzen Entwicklung nötig) fördern
- Stärkung der Autonomie
- Freude an der Leistung vermitteln
- Arbeitshaltung stärken
- Ausdauer fördern
- Kontakte zu Gleichaltrigen erleichtern
- Konflikte auf faire Art lösen helfen

Ritualbeispiele:

Rituelles Streiten

Reto besuchte die zweite Klasse. Er war ein guter Schüler, ging gerne zur Schule und fiel dort nicht weiter auf. Auch zu Hause hatte er keine Schwierigkeiten als Ältester von drei Kindern. Er war der ruhige Pol, seine Brüder waren eher Draufgänger, stritten sich oft und widersetzten sich gern den elterlichen Anordnungen. Die Mutter hatte die Gewohnheit, sich abends ans Bett von Reto zu setzen und mit ihm den Tag zu besprechen. Sie genoß diese Zeit immer sehr. Nun begann Reto plötzlich, sie so stark zu provozieren, daß sie immer wütend das Zimmer verließ. Reto schlief sogleich friedlich ein. Am Morgen erinnerte er sich kaum an die wüste Szene.

Diese Mutter, eine äußerst einfühlsame Frau, hatte zu ihrem Sohn eine enge Bindung. Der Junge genoß es vorerst sehr, seine Mutter am Abend ungeteilt für sich zu haben. Doch dann bereitete ihm die Trennung zunehmend Mühe, gerade nachdem er seiner Mutter im Gespräch sehr nahe gekommen war. Indem er nun die Mutter provozierte, ja sie sogar beschimpfte, entwertete er sie. Wer möchte schon mit einer „blöden Kuh" zusammen sein? Die Mutter begriff den Zusammenhang schnell. Es war an der Zeit, daß sich der Junge wieder ein Stück von ihr löste. Sie verkürzte die abendliche Zeit an seinem Bett, vermied damit zu große Nähe, und die Streitereien blieben bald aus. Ich vermute, daß damit gleichzeitig eine ödipale Problematik gelöst wurde, die schon erwähnte zu enge Bindung von Mutter und Sohn.

Beten im Klo

Helen wuchs in einer sehr religiösen Familie auf. Noch im Schulalter wurden die Kinder dazu angehalten, laut zu beten und dabei auch alle ihre kleinen Vergehen des Tages zu beichten. Das Mädchen entzog sich diesem Ritual, schlich sich aufs Klo und verrichtete dort ihr eigenes, ehrliches Gebet.

Ähnliches Verhalten ist mir von verschiedenen Kindern bekannt, welche sie sich so den kontrollierenden Ritualen der Eltern entzogen. In diesem Alter ist es wichtig, eine von allen respektierte Intimsphäre zu haben. Eltern, die stolz erzählen, „alles" von ihren Kindern zu wissen, sind meines Erachtens nicht einfühlsam. Sinnvoll ist es, die Kinder bereits in diesem Alter mit dem ganz persönlichen Gebet vertraut zu machen. Dem Gebet, in dem man mit Gott Zwiesprache, das heißt „sprechen zu zweit", halten kann. Sich da als Erwachsener ungebeten einzumischen ist unanständig.

Abendbrot

Die Mutter des achtjährigen Michael und der zehnjährigen Sabina arbeitete nach langem Unterbruch halbtags in ihrem angestammten Beruf. Einmal in der Woche, am Donnerstag mußten die beiden Kinder für die Familie das Abendbrot zubereiten. Die beiden erhielten ein Kinderkochbuch, durften zubereiten, wozu sie Lust hatten und bekamen eine bestimmte Geldsumme, die sie selber einteilen konnten. Im weiteren bestand die Abmachung darin, daß der Tisch schön gedeckt werden sollte und das Essen Punkt halb sieben bereit sein müsse. Jeden Donnerstag zur gleichen Zeit. Die Kinder waren zuerst hell begeistert. Die Aufgabe machte ihnen Spaß. Am ersten Donnerstag war der Tisch zur Zeit gedeckt, und auch die Kerzen fehlten nicht. Hübsch angerichtet in einem Körblein lagen Schokoladenriegel und als Dessert einige bunte Kaugummikugeln. Strahlend erzählten die Kinder ihrer Mutter, wie gut sie das Geld eingeteilt hätten, ja daß sogar noch welches übrig sei. Es versteht sich, daß außer den Kindern niemand über dieses Essen erfreut war. Die Mutter gab aber nicht so schnell auf und verlangte von ihren Kindern, daß sie eine vollständige Mahlzeit kochten. Die beiden waren dazu sehr schnell imstande. Bald wagten sie sich an kompliziertere Gerichte und freuten sich über ihre Kochkünste. – Beide sind heute erwachsen und erzählen noch immer von ihrem „Donnerstagskochen".

Das Beispiel zeigt, wozu Kinder fähig sein können, wenn man ihnen vertraut und ihnen sinnvolle Aufgaben in einem klar umrissenen Rahmen geben kann. Das vermittelt Selbstvertrauen und Freude an der eigenen Leistung.

Schulschwierigkeiten

Schulschwierigkeiten in diesem Alter sollten, halten sie über längere Zeit an, unbedingt von einem Schulpsychologen abgeklärt werden, denn er kann dem Kind angemessene Hilfen zukommen lassen und damit viel unnötiges Leiden verhindern. Als ich noch Lehrerin war, saß in meiner Klasse ein Junge, der leider in allen Disziplinen der letzte war. Es gelang mir nicht, ihn auf gute Weise im Klassenverband aufzunehmen. Der Junge litt, und eigentlich war ich erstaunt, daß er trotz allem den Unterricht nicht störte. Mir fiel dann auf, daß er immer als erster in die Pause rannte. Ich beobachtete dann, wie er jedesmal in die nahe Wiese pinkelte, obwohl das streng verboten war. Er war durch nichts von seinem Pinkel-Ritual abzuhalten, seltsamerweise tolerierten das die andern Schüler, ja, sie lachten ihn nicht einmal aus. Jeder spürte, daß er damit einem starken Impuls Ausdruck verlieh. Ich deutete sein Verhalten so, daß er auf die Schule „pisse". Trotz aller Anstrengungen konnte er keine Erfolge einheimsen. Das Ritual entlud ihn von den schlimmsten Aggressionen, und er konnte die nächste Stunde wieder einigermaßen ruhig über sich ergehen lassen. Endlich verstand ich, daß das Ritual ein Notsignal war.

Nässen kann als Ausdruck von Trauer verstanden werden, das Kind „weint mit der Blase" (A. Dührsen). Es kann aber auch ein Ausdruck von Aggression sein. Ich meldete den Jungen beim Schulpsychologen an. Dieser fand dann eine geeignete Schule für ihn, in der er sich meines Wissens wohl fühlte.

Max hatte ähnliche Probleme, er wurde entsetzlich wütend und schlug entzwei, was ihm gerade unter die Augen kam. Natürlich bekam er dadurch noch mehr Schwierigkeiten. Er sah ein, daß er da selber auch etwas ändern mußte, zumal er einige schulische Hilfen bekam. Er entwickelte nun folgendes Ritual: Nach jeder Stunde, die ihn wütend gemacht hatte, ging er aufs Klo und verbrannte dort andächtig drei Streichhölzer. In ganz schlimmen Fällen seien es manchmal einige mehr gewesen, gestand er mir einmal, doch habe es immer häufiger Stunden gegeben, wo das nicht mehr nötig gewesen sei. Dieses „Streichholz-Ritual" ermöglichte Max, gestaute Aggressionen unschädlich zu entladen. Rituale könnten viel Unheil vermindern helfen. Gerade die Gewaltakte von Jugendlichen könnten mit geeigneten Ritualen in Schranken gehalten werden.

Die Qual der Hausaufgaben

Der Klagen sind unzählige: von Schülern, die glauben, zu viel arbeiten zu müssen – aus reiner Schikane -; von Eltern, die ihre Kinder nur mit allergrößter Mühe dazubringen, Hausaufgaben zu machen; von Lehrern, welche säumige Schüler immer wieder verwarnen müssen, etc. Selten gibt es Lehrer, die von ihren Schülern übermäßig viele Hausaufgaben erwarten. Häufig ist es so, daß Kinder mit vielen Aufgaben die Zeit in der Schule schlecht nutzen und wenig arbeiten. In solchen Fällen lohnt es sich, wenn Lehrer und Eltern versuchen, hinter die sogenannte Faulheit des Kindes zu kommen. Es gibt Kinder, die aus Protest gegen einen überfleißigen, überarbeiteten Vater die Arbeit verweigern.

Die Schularbeit zu Hause könnte vor allem bei jüngeren Schülern rituell gestaltet werden. Das könnte beispielsweise so aussehen: Drei Geschwister kommen heim, der Fünftklässler Frank, die Zweitklässlerin Nora und der Erstklässler Berni. Frank muß ein Diktat üben, Nora die 3er-Reihe lernen, Berni muß lesen. Alle schwatzen durcheinander. Frank hat eine Wut auf einen Freund, der ihn beim Tausch eines

Games übers Ohr gehauen hat; Nora möchte unbedingt gerade jetzt zu einer Freundin, weil deren Katze Junge hat, und Berni liest schon laut aus seiner Fibel.

Mütter und Väter wissen, daß das eine ganz harmlose, gewöhnliche Alltagsszene ist. Eindeutig scheint mir, daß diese Kinder noch nicht ohne die Hilfe von Erwachsenen diese Situation bewältigen können. Eine rituell gestaltete Hausaufgabenzeit könnte in solchen Fällen hilfreich sein. Jede Familie muß dabei ihr eigenes Muster finden. Ich weiß, daß es Ausnahmen gibt bei Kindern, die schon sehr früh selbständig sind, doch das ist eher unüblich.

Friedenskämpfe

Die sogenannten Friedenskämpfe sind bei vielen Schülern bekannt. Sie kämpfen nach ganz bestimmten Regeln, die sich immer wieder ändern. Eines haben sie gemeinsam: Sie werden sofort unterbrochen, wenn ein Kämpfer seine Schmerzgrenze erreicht hat und dies mit einem besonderen Wort, das vorher vereinbart wurde, kundtut. Die Kämpfe selber sind etwa gar nicht friedlich, wie man aus ihrem Namen schließen könnte. Die Kinder, vor allem Jungen, setzen alle ihre Kräfte und Kniffe ein, um den Gegner zum Aufgeben zu zwingen. Erstaunlich ist, was da eingesteckt wird. Es kann dabei schon vorkommen, daß einer aus der Nase blutet. Als Erwachsener muß man sich gehörig zusammennehmen, um nicht einzuschreiten.

Ich kenne keine „Friedenskämpfe", die in Raufereien ausgeartet sind, sofern sie nach bestimmten Regeln, in ritueller Weise, durchgeführt wurden. Nur unter diesen Voraussetzungen ufern sie nicht aus. Es gibt Schulhäuser, die für eben diese Art von Kämpfen einen eigens dafür bestimmten Platz haben, der regelmäßig von Lehrern kontrolliert wird.

Auch das ist ein Mittel, Gewalt in den Griff zu bekommen.

Rituelle Gruppenspiele

Die meisten Gruppenspiele, die in diesem Alter sehr beliebt sind, haben deutlich rituelle Züge, ohne direkt als Ritual bezeichnet werden zu können. Sie werden meist zu bestimmten Tages- oder Jahreszeiten gespielt und haben ganz strenge Regeln. Mir fällt auf, daß diese Spiele, die Wesentliches zur Gruppenbildung, zur Gemeinschaft und zum Sich-Einfügen in eine solche beitragen, am Verschwinden sind. Vielen Kindern fehlt dazu ganz einfach der Platz. Ein Spielplatz mit bereitstehenden Spielsachen, Sandhaufen und Klettertürmen eignet sich kaum für eine Pfeiljagd.

Das Hauptproblem ist aber wohl ein ganz anderes: Die Kinder haben keine Muße mehr. Ihre Zeit ist verplant, täglich ist etwas los: Musikstunde, (freiwilliger) Sprachunterricht, Tennis, Fußball, Ballett, Judo, sogar Autogenes Training. Wo bleibt da noch Zeit für kreative Spiele?

Dorf- oder Straßenbanden

Leider sind auch diese aus obengenannten Gründen immer seltener anzutreffen, obwohl sie einem Bedürfnis entsprechen. Jungen und Mädchen im Schulalter lieben es in der Regel, eine Bande zu gründen. Wenn möglich bauen sie als Unterkunft eine Hütte, was aber leider oft nur noch in sehr ländlichen Gebieten erlaubt ist. Die Hütten werden mit allen möglichen Gerätschaften ausgestattet. Einmal hatte ich die Ehre, eine solche zu besichtigen, denn Erwachsene sind da in der Regel nicht zugelassen. Zu meinem Erstaunen befand sich darin eine Badewanne – „einfach so, für alle Fälle“. Die Hüttenbesitzer sahen allerdings nicht so aus, als ob sie jemals das Bedürfnis hätten, sich zu waschen ... Ist die Behausung einmal eingerichtet, muß sie natürlich auch verteidigt werden. Dazu müssen auch Waffen hergestellt werden – selbstverständlich nur zur Verteidigung. Das ist erlaubt, denn das tun die Erwachsenen schließlich auch. Die Waffen werden von den Kindern aber nur zu Drohzwecken gebraucht, zu Kämpfen kommt es kaum, da die bösen Feinde meist nur in der Phantasie bestehen.

Was hat das mit Ritualen zu tun? Sehr viel. Schon das Aufnahmeprozedere in die Bande wird rituell gestaltet. Oft muß ewige Treue geschworen werden, und manchmal wird sogar mit Blut eine Urkunde unterzeichnet. Regeln werden aufgestellt, an die sich jeder und jede zu halten hat. Die Verteidigung der Hütte hat ebenso rituellen Charakter. Meist werden Feinde, oder auch nur imaginäre Bösewichte mit Drohgebärden verscheucht. Kinder, die ihr Gewaltpotential auf diese Weise ausleben können, sind im Alltag meist friedliche Kinder.

Unsere Groß- und Urgroßeltern kannten schon diese Art der ungefährlichen Gewaltbewältigung. Ich bin sicher, daß wir in unseren Schulen weniger Gewalt hätten, wenn mehr Kinder die Möglichkeit hätten, sich auf diese Weise zu betätigen. Gewalt gehört zum Menschen, es ist darum unsere Aufgabe, damit konstruktiv umgehen zu lernen. Wir können von unseren Kindern nichts verlangen, was wir selber nicht können.

Rituale in der Schulklasse

Rituale, die von mehreren Menschen gemeinsam ausgeführt werden, haben eine große Wirkung. Das haben totalitäre Systeme längst erkannt und für ihre Zwecke ausgenützt, sei es in politischen Organisationen oder in religiös-sektiererischen Kreisen. Rituale spielen da immer eine entscheidende Rolle. Man kann dieses Wissen durchaus positiv einsetzen wie folgende Beispiele zeigen:

Morgenritual

Eine Lehrerin mußte eine sehr verwilderte 4. Klasse übernehmen. Besonders schwierig war es, die Stunden zu beginnen. Die Kinder lümmelten herum und ließen sich reichlich Zeit, bis sie sich endlich in die Schulbänke setzten und sich dort die Zeit vertrieben mit Schwatzen und Lachen. Die Kinder waren unkonzentriert und zerstreut. Die Lehrerin begann nun auf recht autoritäre Weise, von den Schülern ganz bestimmte Körperübungen zu verlangen. Jeden Tag die gleichen, nach dem gleichen Schema, im gleichen Rhythmus. Das Ritual verfehlte die Wirkung nicht, die Schüler hatten sich bald beruhigt, waren bereit für die Schularbeit und aufnahmefähig. Anfänglich hatten einige Schüler gemault, was sich aber bald gegeben hat.

Wenn man als Lehrer oder Lehrerin ein solches Ritual einführen will, muß man von dessen Wirkung überzeugt sein, dann wird es akzeptiert. Man kann niemals „einfach nur so" etwas ausprobieren wollen, das schlägt garantiert fehl.

Montagsgeschichte

Eine andere Lehrerin löste ein ähnliches Problem auf andere Weise. Sie hatte Mühe, am Montagmorgen ihre Schüler zu motivieren – Schwatzen, Lachen, Herumblödeln und Streiten waren kaum zu bremsen. Der Montagmorgen wurde für die Lehrerin zum Albtraum. Sie erfand nun ein eigenes Ritual. Schon am Sonntagabend suchte sie eine Geschichte aus, die ihr für ihre Klasse besonders geeignet schien. Am

Montag erzählte sie als erstes diese Geschichte. Die Kinder waren verblüfft, denn so etwas hatten sie keineswegs erwartet. Sie paßten auf, und der Unterricht ging nachher ohne Probleme vonstatten. Die Montagsgeschichte wurde beibehalten und hat im Laufe von Jahren nichts an ihrer Wirkung eingebüßt. Ich glaube, daß sehr viele Lehrer ähnliche Erlebnisse erzählen könnten, daß sie Rituale machen, ohne sie als solche zu erkennen.

Ein weiteres, letztes Ritual, das von Erstklässlern selber erfunden wurde und das mir ein älterer Lehrer erzählte, möchte ich hier wiedergeben:

Suchritual

Der Lehrer betreute eine Mehrklassenschule, das heißt, er unterrichtete im selben Klassenzimmer Erst- bis Sechstklässler. Die fünf Erstklässler versteckten sich nun jeden Morgen, und der Lehrer mußte sie suchen. Der Lehrer verstand vorerst nicht, was das sollte, waren die Verstecke doch immer dieselben. Er spürte aber, daß es für die Kinder eine große Bedeutung hatte und machte mit. Nach einigen Wochen hörte das Versteckspiel von selbst auf. Wer (heute nur noch selten anzutreffende) Mehrklassenschulen kennt, weiß, daß gerade die Kleinsten Mühe haben, ihren Platz zu finden. So erging es wohl auch diesen Erstklässlern. Sie mußten sich täglich vergewissern, daß der Lehrer sie nicht vergessen hatte, ja, daß sie ihm so wichtig waren, daß er sie sogar suchte. Als sie sich ihrer Position sicher waren, hatte das Ritual seinen Zweck erfüllt und mußte nicht weiter ausgeführt werden.

Gewiß gibt es auch in dieser Altersstufe noch viele Rituale, die aber vor den Erwachsenen geheim gehalten werden. Die Rituale sind magischer Art, und die Kinder, schwankend zwischen magischem und rationalem Denken, fürchten sich, von den Großen ausgelacht zu werden. Vielleicht ist es gut, daß die Kinder nicht wissen, wie leicht die Erwachsenen mit magischem „Habakuk" zu täuschen sind und zu welch absurden Praktiken sie bereit sind, um für sich ohne Anstrengung einen Vorteil zu ergattern. Ich denke da an die vielen dubiosen Inserate in den Illustrierten, welche Glück, Reichtum und Gesundheit versprechen.

IN DER PUBERTÄT

Der Beginn des Jugendalters oder der Pubertät, wie dieser Lebensabschnitt auch genannt wird, ist individuell. Es gibt Kinder, die sehr früh sekundäre Geschlechtsmerkmale entwickeln, ohne daß sie psychisch schon pubertieren. Wieder andere nehmen mit neun oder zehn Jahren bereits deutlich das Gebaren von Jugendlichen an, ohne daß hormonelle Veränderungen stattgefunden hätten. Meist ist der Übergang vom Kindsein zum Jugendalter fließend. Es kann jedoch vorkommen, daß die Pubertät gleich einem Blitz einschlägt – das fröhliche, gutmütige Kind wird über Nacht zum aufmüpfigen Jugendlichen. Gestern noch waren seine Kleider in Ordnung, heute findet er sie altmodisch und braucht sofort neue Sachen, da alle andern besser gekleidet sind …

Nicht bei allen Jugendlichen verläuft dieser Lebensabschnitt stürmisch. Das hängt von der persönlichen Veranlagung ab, der Veranlagung seiner Eltern und der Umwelt. Generell ist jedoch zu sagen, daß die Pubertät in unserem Kulturkreis lange anhält, was mit der langen Ausbildungszeit unserer Jugend zu tun hat. Wer noch in der Ausbildung und von den Eltern finanziell abhängig ist, zählt noch nicht ganz zu den Erwachsenen.

Was geschieht denn eigentlich während dieser Phase mit dem Einzelnen? Mit der großen körperlichen Veränderung geht eine seelische Veränderung einher. Der junge Mensch muß eine neue Idendität finden, er ist nicht mehr Kind und noch nicht Erwachsener. Er kann sich nicht mehr nur auf das Vorbild der Eltern verlassen, muß selber ein erwachsener Mensch werden und einen Beruf suchen, der seinen Fähigkeiten entspricht. Was sind aber seine Fähigkeiten? Viele entdecken ihre Stärken erst im jugendlichen Alter. Verfügen sie über die Begabungen, welche die Eltern in ihnen sahen, oder sind es ganz andere Fähigkeiten? Dazu kommt, daß der Junge sich vermehrt mit seiner Rolle als Mann, das Mädchen mit derjenigen als Frau auseinander setzen muß. Diese Rollen sind in unserer sich wandelnden Gesellschaft nicht leicht zu finden und zu definieren.

Das sind nur einige Faktoren, welche zu einer tiefen Verunsicherung führen. Zudem stecken die Eltern oft gerade selbst in einer Krise, in derjenigen der Lebensmitte, und hinterfragen vielleicht ihre Werte oder möchten ihr Leben neu gestalten. Das sind unumgängliche Krisen, welche sich aber nicht erleichternd auf die Pubertät der Kinder auswirken.

Die Rituale in diesem Altersabschnitt sind nicht immer auf den ersten Blick als Ritual zu erkennen und könnten vielfach als Teilritual bezeichnet werden. Dies deshalb, weil sich die Krise des Jugendalters über Jahre erstrecken kann. Es lohnt sich, einen Blick in andere Kulturkreise zu werfen und zu sehen, wie diese mit dem Phänomen der Pubertät zurechtkommen. Ich meine dies auch darum, weil der Übergang vom Kind zum Erwachsenen ein urmenschliches Problem ist, nicht nur eines unserer heutigen Zeit. Diese Phase ist bei uns, eben weil sie so lange dauert, höchstens problematischer geworden.

Ursprünglichere Kulturen regeln diese Krise mit Ritualen, mit den Pubertätsriten, die Übergangsriten entsprechen. Diese Riten wurden genau analysiert vom französischen Ethnologen Van Gennep. Er hat in Hunderten von Übergangsriten die gleiche Struktur nachgewiesen:

1. Trennungsphase
2. Übergangsphase
3. Wiederangliederungsphase

In jedem Übergangsritual kommen immer alle drei Abschnitte vor, nur werden sie je nach Kultur und der Krise, die sie begleiten, unterschiedlich betont. Die *Trennungsphasen* von Pubertätsriten, welche vor allem die Trennung von der Mutter zur Aufgabe haben, sind manchmal nur ganz kurz und werden nur symbolisch dargestellt. Dann wieder dauern sie sehr lange, Wochen, Monate oder gar Jahre, in denen die Jungen das elterliche Haus nicht mehr betreten dürfen und zusammen in einem abgetrennten Bezirk leben müssen, zum Beispiel im Busch. Dort erhalten die Jungen Unterricht und werden in die Mythen des Stammes eingeführt oder in die Welt der Männer. (In unserer Kultur würde das etwa dem Internat entsprechen, das in gewissen Kreisen zu einer guten Erziehung gehört.) Die Mädchen werden meist nicht von der Mutter örtlich getrennt, bekommen aber andere Aufgaben. Sie müssen etwa die kleinen Geschwister betreuen oder andere Arbeiten in Haus und Hof erledigen.

Die *Übergangsphase*, auch die unterschiedlich lange, wird oft mit Todessymbolen dargestellt ... Man ist dann sozusagen in einem Niemandsland – als Niemand. In Afrika kann man noch heute Jungen begegnen, welche während dieser Übergangsphase herumstreunen, sich mit roter Erde das Gesicht verschmieren, oder die eine Art Sack über den Kopf gestülpt haben oder eine geflochtene Maske tragen. Damit geben sie ihrem symbolischen Totsein Ausdruck. Diese „Totenzeit" kann ein Jahr dauern. Afrikanische Mädchen bemalen sich in dieser Zeit zum Teil mit weißer Farbe, der Todesfarbe. Mädchen und Jungen tragen in diesem Ritualabschnitt eine besondere Kleidung, manchmal müssen sie auch ganz bestimmte Nahrung zu sich nehmen und dürfen sich nur an speziellen Orten aufhalten. Oft müssen sie ganz allein für ihren täglichen Bedarf sorgen und damit beweisen, daß sie fähig sind, das Leben eines Erwachsenen zu führen. Eine gefährliche Zeit, die nicht jeder überlebt und in der auch der Mut der jungen Menschen auf die Probe gestellt wird. Erst wenn man diese Zeit überstanden und oft noch zusätzliche Prüfungen abgelegt hat, darf man die nächste Phase des Rituals vollziehen.

Die *Wiederangliederungsphase* heißt so, weil man nun wieder in die Gemeinschaft eingegliedert und aufgenommen wird, allerdings als vollwertiges Mitglied. Das wird mit einem großen Fest gefeiert. Dabei werden die jungen Leute mit den Attributen der Erwachsenen ausgestattet: mit einer besonderen Tracht, besonderem Schmuck, einer besonderen Tätowierung oder einem anderen Namen. Nun sind sie heiratsfähig und können eine Familie gründen; das Überleben des Stammes, der Gesellschaft ist damit gesichert.

Auch in unserer Kultur gab es solche Rituale, die von Gruppen ausgeführt wurden. Man muß da gar nicht so weit zurückgehen. In meiner Jugendzeit war es üblich, im Unterweisungsjahr getrennt von der übrigen Gemeinde, in einer speziellen Bank, zu sitzen. Man könnte dies als Abtrennungsritual ansehen. Die rationale Erklärung, der Pfarrer habe so alle unter Kontrolle gehabt, stimmt nicht, denn Unfug läßt sich vorzüglich in einer Gruppe treiben. In diesem Unterweisungsjahr, einem eigentlichen Übergangsjahr, galten ganz bestimmte Regeln: Man durfte abends nicht ausgehen, sich nicht schminken, keine Nylonstrümpfe tragen, etc. Man wurde in christlicher Ethik unterrichtet, und die meisten Pfarrer übernahmen die sexuelle Aufklärung, auch wenn das schon damals in den 50er Jahren nicht mehr nötig gewesen wäre. Dann folgte die Wiederangliederungsphase, die Konfirmation. Nachdem man sich feierlich zum reformierten Glauben bekannt hatte, erhielt man die Erlaubnis, die Riten der Erwachsenen mitzumachen, man durfte am Abendmahl teilnehmen und Pate oder Patin eines Täuflings werden. Im kirchlichen Sinn wurde man als mündig erklärt. Jetzt bekam man einen Hausschlüssel und durfte abends ausgehen, die Jungen erhielten oft ihren ersten Anzug, die Mädchen das erste Kostüm und die ersten Nylons. Viele Mädchen durften erst dann ihre Zöpfe abschneiden und sich frisieren, wie sie es wünschten. Die Pubertät war damit meistens nicht abgeschlossen, mündig im juristischen Sinn wurde man erst mit zwanzig Jahren.

Für die Jungen gab es Berufslehren, die deutliche Züge von Pubertätsriten aufweisen: Sie mußten von zu Hause fortgehen, zu einem Meister in die Lehre. Oft mußten sie niedrige Arbeiten verrichten und standen hierarchisch auf der untersten Stufe im Betrieb. Manchmal trugen sie eigentliche

Lehrlingsbekleidung als Ausdruck ihres Standes; jedermann wußte, mit wem er es zu tun hatte. Nach der Lehre war es üblich, seine Gesellenjahre bei verschiedenen Meistern zu absolvieren. Erst nach diesen Lehr- und Wanderjahren, welche aber genau geregelt waren, waren die jungen Männer berechtigt, eine Familie zu gründen.

Ich habe dies alles relativ ausführlich beschrieben, um zu zeigen, daß Rituale in dieser Übergangszeit vom Kind zum Erwachsenen schon immer und überall als notwendig empfunden wurden. Solche allgemeinen Riten fehlen uns. Die alten unserer Jugendzeit sind nicht mehr brauchbar, doch wir haben noch keine neuen gefunden, das heißt keine, die allgemeinverbindlich wären. Jeder Jugendliche, jede Gruppierung, muß da die eigenen Riten finden, was eine Erschwernis für die Angehörigen, ja die Umwelt, bedeutet. Das Bedürfnis nach Ritualen ist gerade in diesem Alter sehr groß – besonders nach Ritualen, die in Gruppen ausgeführt werden können. Man möchte sich mit andern, die in der gleichen Situation sind, zusammentun, sich mit ihnen verbünden, zusammen erwachsen werden, zusammen nach neuen Werten suchen und eine neue Welt bauen.

Jugendreligionen, Jugendsekten, politische und religiöse Extremgruppierungen haben dieses Bedürfnis längst erkannt. Sie bieten den Jugendlichen Rituale an und binden sie damit stark an ihre Gemeinschaft. Wer selber einmal einer Ritengemeinschaft, das kann eine Kirche sein, angehört hat, weiß, wie schwer es ist, diese zu verlassen, auch wenn man längst nicht mehr mit deren Zielsetzungen einverstanden ist. Ohne die bindende Kraft der Riten wäre die Zahl der Kirchenaustritte noch viel höher ...

Der Sinn der Pubertätsrituale ist:

- Finden der eigenen Idendität
- Seine Begabungen, seine Stärken und Schwächen kennenlernen
- Ablösung vom Elternhaus, von der Familie
- Ein erwachsener, mündiger Mensch werden
- Sich einer neuen Gemeinschaft zugehörig fühlen
- Bewältigen der Angst, da jeder dieser Schritte verunsichernd wirkt und Angst macht

Im folgenden werde ich Rituale beschreiben, wie sie heute von Jugendlichen allein und unbewußt oder in Gruppen ausgeführt werden. Dabei werden wir Parallelen zu Riten in traditionellen Gesellschaften sehen, aber auch zu Riten unserer Väter und Mütter, und auch Rituale aus früheren Kindheitsphasen werden nochmals aufleben können.

Spiegel- und Fotoautomaten-Ritual

Ein untrügliches Zeichen, daß ein Kind in die Pubertät kommt, ist die häufige Benützung des Spiegels, sowohl von Mädchen als auch von Jungen. Es geht da weniger um Eitelkeit als vielmehr um die Frage: Wer bin ich? Gleichzeitig wird auffallend häufig der Fotoautomat benützt. Viele meiner 13jährigen Klienten tragen bis zu zwanzig Fotos von sich selbst mit sich herum. Einige bringen sie in die Therapiestunde mit, und gemeinsam schauen wir sie an, suchen diejenigen heraus, die den Jungen oder das Mädchen besonders gut wiedergeben, aber auch jene, welche eine deutliche Veränderung, ein Älterwerden, aufzeigen. Mit diesem Ritual (oder besser gesagt, mit diesem Teil-Ritual), das sowohl zur Trennungsphase als auch zur Übergangsphase gehören kann, möchten die Kinder oder nun Jugendlichen, daß man als Erwachsener darauf reagiert und ihnen sagt, wie sie nun aussehen, was für sichtbare Veränderungen sie durchmachen. Sinnvoll wäre, sich als Eltern Gedanken darüber zu machen, ob nun der Zeitpunkt gekommen sei, dem Heranwachsenden mehr Rechte, aber auch mehr Pflichten einzuräumen.

Einschlafritual

Parallel zu den oben erwähnten Ritualen greifen Jugendliche beim Einschlafen oft wieder auf alte Kindheitsmuster zurück. Von vielen Müttern höre ich, daß ihre Kinder in dieser Phase den Teddy, der vielleicht schon längst versorgt war, wieder hervorholen. Ein Junge brauchte dazu die rationale Begründung, daß sich der Teddy anatomisch besser als Kopfkissen eigne. Anstelle des Schlafliedes hören nun viele leise Musik aus dem Radio. Es ist nicht so einfach, die vertraute Kindheit zu verlassen. Es gibt nicht wenige Kinder, die das auch ganz bestimmt ausdrücken. Oft sind das Kinder, welche viel Belastendes in ihrer Kindheit erlebten und noch nicht genug „Kind sein" konnten. Andere wiederum erleben ihr Kindsein als so schön, daß sie am liebsten in dieser unbesorgten Phase verharren möchten. Die meisten Kinder sind aber ambivalent: Einmal möchten sie Kind, einmal Erwachsener sein. Gerade dies können sie mit Ritualen gut ausdrücken und in ihnen nochmals ein Stück Kindheit leben. Niemals sollte ein Jugendlicher, der wieder alte Kindheitsrituale aufleben läßt, was meistens zur Schlafenszeit geschieht, ausgelacht werden. Seinen Gefühlen sollte man stets mit Respekt begegnen.

Rituelles Beschimpfen

Der 14jährige Hannes war der älteste von vier Brüdern. Er war bis anhin ein unkomplizierter Junge gewesen, der kaum maulte, so wie es seine jüngeren Brüder taten. Nun begann er plötzlich, seine Mutter mit „hallo Hexe" zu begrüßen und fragte nach dem „Schlangenfraß", den sie heute aufzutischen gedenke. Die Mutter nahm das zuerst mit Humor und gab ihrerseits scherzhafte Antworten. Nach etlichen Tagen, als sich die Begrüßungsformel immer wiederholte, wurde die Mutter „giftig" in ihren Antworten, worauf Hannes' Kommentar lautete: „Eben doch eine Hexe!" Darauf verzog er sich türeschlagend in sein Zimmer, um dann wieder gut gelaunt zum Essen zu erscheinen. Das Beschimpfen dauerte mehrere Wochen und verschwand dann ohne ersichtlichen Grund.

Von ähnlichen Beschimpfungen wissen viele Mütter zu erzählen. Man macht die Mutter schlecht, reizt sie so lange, bis sie sich wirklich von der bösen Seite zeigt. Das gibt den Jugendlichen die Möglichkeit, sich mit gutem Gewissen von so einem gehässigen Weib abzuwenden, sich ein Stück weit zu lösen. Die Annäherung folgt meist recht bald wieder, wobei wesentlich ist, daß man als Eltern nicht beleidigt bleiben darf. Sieht man im Ganzen ein Ritual mit Ablösungscharakter, kann man es leichter nehmen. Humor wirkt in einer solchen Situation wohltuend und verbindend.

Der 15jährige Andreas hatte eine ähnliche Angewohnheit, auch er begrüßte seine Mutter mit Schimpfworten. Sie reagierte anders als die Mutter von Hannes, sagte einfach nichts, ignorierte ihren Sohn. Andreas fühlte sich nicht ernst genommen und doppelte nach, steigerte sich in eigentliche Tiraden hinein. Das ging solange, bis ihm die Mutter deutlich Grenzen setzte und sich die Beschimpfungen nicht weiter gefallen ließ. Es ist nicht leicht für Eltern, den richtigen

Ton zu finden, manchmal muß man Grenzen setzen, manchmal muß man mit Humor reagieren, manchmal muß man schweigen. Gelingt es einem, die Gefühle des Jugendlichen zu spüren, wird die richtige Reaktion leichter zu finden sein. Immer aber müssen wir uns vor Augen halten, daß jeder Ablösungsprozeß mit Schmerzen verbunden ist, durch die wir hindurch müssen, die uns kein noch so geschicktes Verhalten abnehmen kann.

Erste Menstruation

Aus unserem Kulturkreis sind mir keine Menstruationsrituale bekannt. Jedes Mädchen muß damit mehr oder weniger allein zurechtkommen. Häufig sind die Mädchen gut aufgeklärt und wissen, was mit ihrem Körper geschieht. Bei einigen Mädchen habe ich beobachtet, daß sie einige Wochen vor Eintritt der ersten Menstruation ihr Zimmer räumen, Puppen und Stofftiere versorgen und oft auch den Wandschmuck ändern. Es scheint, daß sie unbewußt Abschied nehmen von der Kindheit, ganz für sich allein. Tritt dann die erste Blutung auf, gibt es Mädchen, die das sofort mit Stolz erzählen. Ines, die in einem Heim erzogen wurde, sagte mir, sie sei nun ein „Fräulein" geworden und sei kein Kind mehr. Ihre Erzieherin hätte ihr das gesagt und auch ein kleines Geschenk gemacht, ein Parfum. Ines schminkte sich und schmückte sich in der Folge, was sie vorher nie getan hatte. Ihre Mutter reagierte auf dieses veränderte Verhalten ihrer Tochter besorgt: „Bring mir nur ja kein Kind nach Hause!" Ines schien darüber seltsamerweise nicht beleidigt zu sein, denn sie fühlte sich als kleines Fräulein aufgenommen in den Kreis der Frauen. Die Entwicklung schien vorerst problemlos zu verlaufen. Einige Monate später setzten vor jeder Monatsblutung starke Krämpfe ein, die sogar eine medikamentöse Behandlung notwendig machten. Wie kann man sich das erklären? Der Übergang vom Kind zum „Fräulein" ging bei Ines zu schnell. Im Heim wurde sie beglückwünscht und mit einem Parfum, einem Attribut einer jungen Frau beschenkt. Man sollte auf Anhieb meinen, das sei doch ein schönes Ritual und vergißt dabei, daß es nur ein einziger Teil des Übergangsrituals war, der letzte und schönste. Ich vermute, daß sich bei vielen Mädchen, die an übermäßigen Menstruationsbeschwerden leiden, eine unbewußte Trauer über die unwiederbringliche Kindheit ausdrückt. Eine Trauer, welcher nie Ausdruck gegeben werden durfte, auch nicht in einem Ritual. – Anders verhielt sich Karin. Auch sie hatte vor ihrer ersten Blutung die Kinderspielsachen versorgt, auch sie hatte sich unbewußt auf ihre Menstruation vorbereitet. Sie erlebte das Ereignis dann aber doch als erschreckend und weinte darüber, sagte, sie wolle das einfach noch nicht haben. Sie spürte etwas von dem Unwiderruflichen, das bei jeder Reifung geschieht, auch vom Opfer, das dabei gebracht werden muß – in diesem Fall die Kindheit. Die Mutter verstand die Trauer ihrer Tochter und versuchte, sie ihr nicht auszureden. Sie erklärte ihr auch, daß man noch lange nicht erwachsen sein müsse, selbst wenn der Körper schon bald wie derjenige einer Frau sei. Sie schenkte ihrer Tochter zwei Dinge: ein Kuscheltier zum Zeichen, daß die Kindheit noch nicht ganz vorbei sei, und ein Poster mit einem Sonnenaufgang als Symbol von etwas Kommendem. Karin entwickelte sich eher langsam zur jungen Frau, in bezug auf die äußeren Zeichen von veränderter Kleidung und Schmuck. Die junge Frau hatte regelmäßige Blutungen ohne Komplikationen.

In vielen Familien ist es Mode geworden, anläßlich der ersten Menstruation ein kleines Ritual zu gestalten. Ich finde das sehr schön, meine aber, man sollte daran denken, daß mindestens ein kleiner Platz für die Trauer – wie sie Karin ausdrückte – vorhanden sein sollte. Die Menstruation an sich kann man als monatlich wiederkehrendes Ritual ansehen. Jede Frau erlebt diese Zeit auf ihre besondere Weise. Die Werbung will uns zwar weismachen, daß es nur auf die Qualität der Binde ankomme, wie wir uns fühlen, und selbstverständlich fühle sich eine moderne Frau fit und munter, wie an allen übrigen Tagen. Wir Mütter sollten unseren Töchtern Mut machen, ihre Tage nach ihrem inneren Befinden zu gestalten, soweit das unsere Umwelt überhaupt zuläßt. Ich denke aber, daß wir immer wieder Nischen finden, die wir mit unserem eigensten Leben füllen können.

Videospiel

Der 13jährige Hermann besaß ein Videospiel, das er täglich nach der Schule für sich machen mußte, damit er sich gut fühlte. Er mußte dabei ein Auto steuern, ähnlich einem Autosimulator. Nach diesem Spiel fühle er sich immer sehr stark, sagte er. Leider verfliege das Gefühl aber schnell wieder bei den Aufgaben oder wenn ihn der Vater rüge, was täglich mehrmals geschah, da Hermann oft sehr ungeschickt war und seine Kräfte zu allerlei Unfug benutzte. Dieses Ritual gefiel mir gar nicht. Mir schien, daß mit diesem Spiel das Selbstwertgefühl dieses Jungen künstlich aufgeblasen wurde und schnell wieder zusammensackte, wie ein Luftballon, dem man die Luft abläßt. Ich befürchtete, das Spiel, das suchtartigen Charakter hatte, könnte der Wegbereiter in eine Sucht sein. Die Eltern wurden von mir darauf aufmerksam gemacht, verstanden schnell, was ihr Sohn brauchte, und es gelang ihnen, Hermann mehr Bestätigung zu geben. Das Videospiel wurde immer seltener gebraucht und hatte somit einen guten Zweck erfüllt. Hermann lernte, mit seinen eigenen Energien so umzugehen wie mit dem Auto im Spiel.

Kleidung

Auffallend ist die uniformiert wirkende Kleidung der Jugendlichen, die sie oft bis zum Abitur tragen. Ich war in einer Schulstunde, in welcher das Thema „Mode" behandelt wurde. Der Lehrer zeigte ein Klassenfoto aus dem Jahre 1920 und fragte die Schülerinnen und Schüler, was ihnen besonders auffalle. Im Gegensatz zu heute, wurde geantwortet, sähen alle gleich aus und seien alle gleichartig angezogen. Sämtliche Schüler und Schülerinnen dieser Klasse waren in den Farben schwarz/weiß angezogen. Jeder und jede hatte aber das Gefühl, den individuellen Stil zu pflegen. Es gelang dem Lehrer nicht, den Schülerinnen und Schülern ihre uniformierte Kleidung bewußt zu machen.

Die besondere Kleidung gehört auch zu den Übergangsriten. Man dokumentiert damit die Zugehörigkeit zu einer gewissen Gruppe. Das wird auch sichtbar in den subkulturellen Gruppierungen wie Punkers, Skin-Heads, Poppers, etc. Schwarz und weiß sind die Farben des Todes. Der symbolische Tod gehört in ursprünglichen Kulturen in diese Übergangsphase. Könnte es sein, daß unsere Jugend, gerade weil ihnen gemeinsame Rituale fehlen, diese Zeit so auszudrücken versuchen, oder ist es Ausdruck der immer noch verbreiteten No-Future-Stimmung?

Motorradfahren

Ein Großteil der Jugendlichen, Mädchen und Jungen, absolvieren die Motorradprüfung, und viele von ihnen lenken dann auch bald ein Fahrzeug. Manche geben zwar zu, sie bräuchten es zwar nicht, doch es gebe ihnen ein besonders gutes Gefühl, wenn sie so herumfahren könnten. Danielo besaß ein solches Fahrzeug, das er mit viel Liebe pflegte und mit dem er täglich seine Runden durchs Quartier fuhr. Ein Tag ohne Motorrad sei ein verlorener Tag, erklärte er mir. Dabei fühle er sich mächtig, wie „Herr über Leben und Tod", denn er habe es in der Hand, einen „Frontalen" (damit meinte er einen frontalen Zusammenstoß mit einem Auto) zu machen. Dieses Gefühl, etwas Gefährliches zu tun, sei berauschend; genau darum brauche er seine täglichen Fahrten. Danielo, bereits eine Lehrling, hatte Mühe an seinem Arbeitsplatz. Oft kam er zu spät zur Arbeit, manchmal blieb er einfach zu Hause und beschäftigte sich den Tag über mit seinem Motorrad. Es war ungewiß, ob er seinen Lehrlingsplatz behalten konnte. Mit seinen Eltern hatte Danielo ständig Reibereien. Sie machten ihrem Sohn Vorwürfe wegen seines Verhaltens, doch sie konnten sich nicht durchsetzen. Wie kann man sich die täglichen, rituell anmutenden Fahrten erklären? Danielo holte sich seine Bestätigung in einer gefährlichen Fahrweise, sie gab ihm ein Hochgefühl, ein Gefühl, etwas Besonderes zu leisten und auch etwas Besonderes zu sein. Er fühlte sich als Held und lebte in diesem Ritual einen Gegensatz zu seinem sonstigen Alltag, in dem er nur ein Lehrling ohne besondere Begabung war und einen langweiligen Tag hinter sich bringen mußte. Das Ritual brachte ihn aber nicht weiter. Es war wie eine Sucht, denn das Hochgefühl mußte immer wieder erlebt werden, ohne daß sich in seinem Alltag etwas änderte. Eine heimliche Todessehnsucht stecke dahinter, könnte man zudem vermuten, wenn sich Danielo als Herr über den Tod fühlte. Man könnte das so deuten, daß er seine Lebenssituation beenden möchte, schlimmstenfalls mit dem realen Tod.

Wenn sich ein Jugendlicher in ein Ritual flüchtet, das ihn

nicht weiter bringt, dann sollten die Erwachsenen eingreifen. In Danielos Fall setzte der Lehrmeister seiner Ausbildung ein Ende, einer Ausbildung, für die Danielo nicht geeignet war. Er suchte, mit Hilfe eines Berufsberaters, eine andere Lehrstelle, welche ihm gefiel. Das Motorradfahren verlor ganz plötzlich seinen Reiz.

Es kann durchaus sein, daß mit einem scheinbar schädlichen Ritual auf eine innere Not aufmerksam gemacht wird. Darauf sollten wir Eltern genau achten, bevor wir uns den Weg zu unseren Jugendlichen mit Vorwürfen verbauen.

Mutproben

Bleiben wir noch ein wenig bei Danielo. Sein Ritual erinnert auch an Übergangsrituale in einfachen Kulturen, wo sich Jugendliche auch mit ganz gefährlichen Seiten des Lebens auseinandersetzen und Gefahren bestehen müssen. Es scheint dies ein elementares Bedürfnis von Jugendlichen zu sein, darum nehmen sie oft verrückte Mutproben auf sich und sind bereit, mit dem Leben zu bezahlen. Ich denke da an das Hangeln von Fenster zu Fenster an der Außenseite des fahrenden Zuges, dem sogenannten „Zug-Surfen“, bei dem immer wieder Jugendliche ums Leben kommen. Wettrennen auf Autobahnen mit Autos oder Motorrädern sind eine andere Art dieser Mutproben. Stets müssen neue Arten erfunden werden. Zur Zeit ist es ganz besonders mutig, ein Auto zu stehlen und dieses dann mit verbundenen Augen in eine Mauer hineinzufahren.

Zum Glück sind die meisten Mutproben harmloserer Art. Leider sind sie in unserer Gesellschaft kaum ritualisiert, außer in Jugendorganisationen. In vielen Jugendvereinen werden noch eigentliche Pubertätsrituale durchgeführt, ohne daß diese als solche erkannt werden. Es wäre wünschenswert, wenn Jugendliche da vermehrt mitmachen könnten. Ich denke dabei natürlich nicht an Sekten oder extreme politische Vereinigungen, sondern an die Pfadfinderbewegung, an kirchliche Gruppen, Umweltorganisationen, Jugendvereine von Samaritern, Jugendsportgruppen. etc.

Pfadfinder-Rituale

Ich möchte im folgenden einige Riten aus der Pfadfinderbewegung beschreiben, weil ich diese bereits aus meiner Jugendzeit kenne und erstaunt bin, daß sich ihre Riten kaum geändert haben. Die Pfadfinderorganisation ist streng hierarchisch geregelt. Die jüngsten Mitglieder sind acht- bis zehnjährige Jungen und Mädchen. Die Jungen kommen zu den „Wölfen", die Mädchen zu den „Bienchen", selten werden gemischte Gruppen geführt. Alle tragen eine Uniform, als äußeres Zeichen der Zusammengehörigkeit. Jede und jeder erhält an der sogenannten Taufe einen Pfadfinder-Namen. Die Taufe weist ganz klar die Struktur eines Übergangsrituales auf:

1. Trennung: Die Täuflinge werden abgesondert, meistens im Waldesinnern; sie wissen zwar, daß sie getauft werden, wie das vor sich geht, ist aber ein Geheimnis.
2. Übergangsphase: Jeder Täufling wird nun einzeln geprüft. Die Prüfung kann verschieden gestaltet werden: Man muß besonders scheußliche Speisen essen, ohne dabei Ekel zeigen zu dürfen (z. B eine Mischung aus Senf, Kaffeesatz und Konfitüre); man geht mit verbundenen Augen über eine Seilbrücke, welche über einen Bach gespannt ist; man läßt sich von einem verkleideten bösen „Geist" an einen Baum binden, ohne Angst zu zeigen; oder man muß durch ein Feuer rennen.

   Bereits auf dieser Stufe muß der Täufling einige Mutproben durchstehen. Leider wird das manchmal übertrieben, so daß dieser Abschnitt der Taufe nur als traumatisches Erlebnis in Erinnerung bleibt.

3 Angliederungsphase: Jetzt bekommt jeder Täufling einen besonderen Namen und ein Abzeichen, welches auf die Uniform genäht wird. Nun gehört das Mädchen oder der Junge erst richtig dazu. Mit einem gemeinsamen Essen beim Lagerfeuer wird die Neuaufnahme gefeiert. Meist werden noch Lieder gesungen, und nach einem gemeinsamen Gruppenruf wird das Ganze abgeschlossen.

Natürlich verläuft jede Pfadfinderübung am Samstagnachmittag nach einem rituellen Schema:

1. Die uniformierten Jugendlichen stellen sich im Kreis auf, singen ihr Gruppenlied oder ihren Gruppenruf.
2. Übung, die manchmal auch in Schabernack ausartet.
3. Wieder Kreis und Schlußlied.

In gleichen Strukturen verlaufen auch die anderen Prüfungen, die man im Laufe der Jahre absolvieren muß. Will man Ober-Pfadfinder werden, muß man nebst einer Prüfung in Naturkunde, Staatskunde und Erster Hilfe genaue Kenntnisse der Pfadfinderbewegung, des Morsens, der Karten- und Sternkunde vorweisen und auch einen Nachtmarsch über dreißig Kilometer bewältigen. Natürlich kommt es vor, daß sich manchmal die Jugendlichen, die erst 13 bis 14 Jahre alt sind und in Gruppen von zwei bis vier Jungen und Mädchen gehen, verirren und noch etliche Kilometer mehr marschieren müssen. Ältere Pfadfinder überwachen in Verstecken den Marsch. Macht jemand Autostopp oder nimmt er gar den Zug, riskiert er von den Pfadfindern ausgeschlossen zu werden.

Es ist erstaunlich, zu welchen körperlichen und geistigen Leistungen diese Jugendlichen fähig sind. Sie müssen Gelegenheit haben, ihre Fähigkeiten und ihren Mut zu erproben – auf eine gute Weise, denn sonst können sie leicht dazu verführt werden, ihre Kräfte negativ einzusetzen, sei es in den erwähnten Mutproben wie „Zug-Surfen" oder in extremistischen Gruppierungen. Längst nicht alle Rituale sind so positiv wie die oben beschriebenen. Es kommt hin und wieder vor, daß Jugendliche von ihren Führern auf recht sadistische Weise geplagt werden, deshalb gibt es Leute, die nur mit Schrecken von ihrer Pfadfinderzeit berichten können.

Jugendorganisationen haben einen so wichtigen Stellenwert, daß sie von möglichst gut ausgebildeten Leuten geführt werden sollten. Sie müssen Funktionen übernehmen, die früher von den Kirchen übernommen wurden. Es wäre wünschbar, daß die Kirchen ihre oft leeren Traditionen mit sinngebenden Inhalten füllen könnten. Sie hätten ja geistige und religiöse Schätze zu vermitteln, welche keine noch so gut organisierte Jugendgruppe bieten kann.

ENTWICKLUNGSHEMMENDE RITUALE

Die eben beschriebenen Entwicklungsrituale erwecken leicht den Eindruck, ein Ritual sei an sich, im positiven Sinne entwicklungsfördernd. Rituale treten, wie wir gesehen haben, an ganz bestimmten Stellen auf: Dann wenn ein Entwicklungsschritt vollzogen werden muß, der für das eine Kind leicht, für das andere schwierig zu bewältigen ist und zu eigentlichen Krisensituationen führt. Rituale, die in solchen Situationen helfen, verschwinden wieder, wenn der Grund der Krise behoben, oder wenn der notwendige Entwicklungsschritt vollzogen worden ist.

Jedes Ritual kann sich aber auch als „Entwicklungshemmer" auswirken, dann bleibt die Krise bestehen, und das Ritual wird zum Zwang. Es dient dann nur noch dazu, die Angst vor dem Neuen, dem Entwicklungsschritt, abzuwehren. Ich würde dabei nicht mehr von einem Ritual sprechen, sondern von rituellen Zwangshandlungen, die zwar der Angstabwehr dienen, aber keine Entwicklung zulassen.

Ein leicht geistig behindertes Mädchen wurde von der Pubertät, den Körperveränderungen und der ersten Menstruation so „aus den Schuhen geworfen", daß es alle paar Meter die Schuhe wieder binden mußte. Dieser Zwang beherrschte das junge Mädchen, und es war ihm unmöglich, seinen Alltag zu bewältigen. Das dauerte über Wochen. In einem solchen Fall ist psychiatrische Hilfe dringend erforderlich. Diesem Mädchen konnte mit leichten Gaben von Psychopharmaka geholfen werden, seine massiven Ängste abzubauen. Gleichzeitg konnte mit ihm pädagogisch und psychologisch intensiv gearbeitet werden, so daß die Medikamente bald überflüssig wurden und der Zwang verschwand. Das ist ein sehr augenfälliges Zwangsbeispiel. Es gibt aber viele andere, zwanghaft anmutende Handlungen bei Kindern: Ein Junge spuckt vor jeder Schulstunde aus dem Fenster. Es gibt einen Aberglauben, der besagt, mit Spucken könne man böse Geister fernhalten. Das Spucken des Jungen könnte als Angstabwehr gedeutet werden, Angst vor Leistungsversagen, Angst bloßgestellt zu werden, Angst den Anforderungen nicht zu genügen. – Ein Mädchen ist peinlich darauf bedacht, jede Faser vom Teppich aufzunehmen. Schmutz, auch im übertragenen Sinn, macht Angst. Das Mädchen hat ein Mittel dagegen gefunden. – Ein Junge mit meist verschmutzten Kleidern, also gar kein Sauberkeitsfanatiker, mußte während der Schulstunde mindestens zweimal die Hände waschen. Dieser Junge fühlte sich sehr verantwortlich für seine depressive Mutter. Ganz im Geheimen fühlte er sich an ihrem Zustand schuldig. Das bereitete natürlich Angst. Mit dem Händewaschen konnte er die Angst einigermaßen in Schach halten und als Schüler funktionieren. Solche Beispiele könnten beliebig erweitert werden.

Viele Eltern sorgen sich begreiflicherweise über die Zwänge ihrer Kinder. Ich bin da eher gelassener. Von einem Zwang bei Kindern getraue ich mich erst dann zu sprechen, wenn er das tägliche Leben so sehr einschränkt wie im obigen Beispiel mit dem Schuhebinden. Auch wenn eine rituelle Handlung über sehr lange Zeit wiederholt wird und der Sinn des Tuns nichts mehr mit dem ursprünglichen Auslöser gemein hat, würde ich von einem Zwang reden. Dies würde auf den oben beschriebenen Jungen zutreffen, falls er die Hände auch dann noch waschen würde, wenn die Depression der Mutter längst abgeklungen ist. Es ist aber auch charakteristisch für Zwänge, daß sie immer öfter wiederholt werden müssen und sich meist noch neue Formen dazu gesellen. Wir dürfen aber nie vergessen, daß Rituale Krisen oder Entwicklungen begleiten, die eben ihre Zeit brauchen, bis sie gemeistert sind.

Es gibt noch eine andere Form von Ritualen, die sich für die Entwicklung des Kindes nicht positiv auswirken: die auferzwungenen Rituale, die dem Kind nichts bedeuten. Ich denke dabei an jene Frau, welche in ihrem Elternhaus zu häufigen Gebeten gezwungen wurde, so daß sie heute, mit 50 Jahren, den Zugang zum Beten nicht mehr findet. Man kann ein Kind mit leeren Ritualen vergewaltigen – der Schaden, den der junge Mensch davonträgt, ist enorm groß. Dies wird einem nicht passieren, wenn man Kindern gegenüber einfühlsam ist, denn jedes Kind wehrt sich und gibt seinem Unwillen Ausdruck, sei es durch Worte oder durch sein Benehmen.

Gruppenrituale

In jedem Menschen sind aufbauende, heilende, fürsorgerische, väterliche, mütterliche, liebende, kurz positive Kräfte vorhanden, aber auch hassende, mißgünstige, zerstörerische, gewalttätige, eben negative Kräfte. Mit meinem Ich, zu dem auch der Wille gehört, kann ich in etwa entscheiden, welchen Impulsen ich den Vorrang gebe. Kein Mensch kann diese aber so bewußt steuern, daß er immer „gut" ist. Jeder muß lernen, seine negativen Seiten zu sehen und sie so zu steuern, daß sie sich nicht zerstörerisch auswirken. In einem Gruppenritual wird das persönliche Ich durch ein kollektives Wir ersetzt. Der Einzelne kann sich dem nicht entziehen oder nur in seltenen Fällen. Wenn nun alle Menschen zusammen im Ritual einen Weg finden zu den unbewußten Kräften, hat das eine ungeheuer große Wirkung. Diese kann positiv sein, aber auch sehr negativ. Auffallend ist, daß Menschen, die miteinander solche Rituale feiern, sich sehr verbunden fühlen und dadurch stark sind. Ein Ritual wird immer wiederholt und damit die Zusammengehörigkeit neu besiegelt. Wir kennen die Rituale der Urchristen, die wohl ohne diese kaum überlebt hätten. Es gab aber auch die Rituale vor Feldzügen, ohne die wohl viel mehr Soldaten desertiert wären. Bekannt sind die Rituale des Dritten Reiches, die uns in Filmaufnahmen noch erhalten geblieben sind. Wir kennen auch die Rituale der Neo-Faschisten. Sie gleichen derer ihrer Vorfahren, und zum Teil sind sie genau übernommen. Wir wissen, wozu solch fanatisierte Menschen fähig sind. Dagegen, meine ich, müssen wir uns wehren und unsere Jugend schützen. Da darf es kein falsches Verstehen geben und kein bequemes Abwarten und Hoffen, die ganze Bewegung löse sich von selbst auf. Jugendliche sollten vermehrt auf die Gefahren politischer Rituale aufmerksam gemacht werden, und Gruppierungen dieser Art müßten mit aller Härte aufgelöst und verboten werden. Das gleiche gilt für sektiererische Verbindungen, wo vor allem Jugendliche auf oft ganz subtile Weise verführt werden. Die Kraft der Rituale für den Einzelnen und für die Gruppe wurde auch hier längst erkannt und schamlos ausgenützt. Wir wissen aus der jüngsten Geschichte, wie viele Kriege angezettelt werden konnten, indem man Massen mit Hilfe von Ritualen leicht verführte; hatten die Rituale einen religiösen Anstrich, war es noch viel einfacher, die Menschen für die „gute Sache" zu gewinnen. Der Sog der Rituale ist groß, weil diese eine ganz starke religiöse Dimension haben. Eine Dimension, zu der leider so viele Menschen keinen Zugang mehr haben und trotzdem eine tiefe Sehnsucht danach verspüren. Nicht nur die Kirchen, wir alle sind aufgerufen, nicht einfach tatenlos zuzusehen, wie Jugendliche von fanatischen Gruppierungen mit zweifelhaften Heilslehren vereinnahmt werden. Vielleicht könnten wir unsere Jugend schützen, wenn wir sie beizeiten mit positiven Kräften der Rituale in Verbindung bringen könnten und ihnen mehr Gelegenheit geben würden, eigentliche Initiationsrituale zu vollziehen, wie wir dies im Abschnitt über die Pubertät sahen.

RITUALE BEI DER LÖSUNG INDIVIDUELLER PROBLEME

Große und kleine Problemsituationen gehören zu jedem Leben. Selbst Kinder werden davon nicht verschont. Rituale helfen, solche Krisen zu überwinden. Sie entstehen meist spontan, manchmal müssen sie erfunden werden, und manchmal ist es möglich, auf althergebrachte Riten zurückzugreifen.

Krisenrituale sollten folgendes bewirken:
- Kraft geben, um die Krise durchzustehen
- Angst bewältigen
- Trauer zulassen und verarbeiten
- Neuorientierung, das Einlassen auf eine neue Situation, ermöglichen

Ritualbeispiele:

Geschwisterrivalität
Hanspeter, ein fünfjähriger Junge, bekam einen kleinen Bruder, Tim. Schon während der Schwangerschaft der Mutter äußerte Hanspeter seine heftige Eifersucht. Er wolle weder einen Bruder noch eine Schwester, kleine Kinder würden viel schreien, das tue ihm nicht gut. Er drohte sogar damit, den

Säugling mit dem Beil zu köpfen. Die Eltern wunderten sich sehr über die brutalen Absichten ihres sonst friedfertigen Sohnes. Sie merkten jedoch bald, daß Hanspeter es genoß, sie mit solchen Äußerungen zu erschrecken. Die Eltern ließen ihren Sohn gewähren und hofften, daß er sich so ein Stück weit von seiner Eifersucht befreien könne. Als Tim dann geboren wurde, war keine Rede mehr vom Köpfen, im Gegenteil, Hanspeter freute sich sehr, einen kleinen Bruder zu haben. Die Freude der Eltern war ebenfalls groß, und alles schien in bester Ordnung. Der Mutter fiel auf, daß Hanspeter mehrmals täglich zum Bettchen des Säuglings schlich und dort lange leise sprach. Das ging über mehrere Wochen so. Gerne hätte die Mutter gewußt, was Hanspeter mit dem kleinen Tim so heimlich flüsterte, doch der „große Bruder", wie sich Hanspeter gerne bezeichnete, lächelte nur schelmisch. Einmal aber hörte die Mutter die Flüsterworte und staunte nicht schlecht: „blöder Affe", „dummer Trottel", ... Eine ganze Litanei wüster Wörter murmelte ihr Sohn mit lieber Stimme. Tim freute sich, lächelte und strampelte. Hanspeter, zur Rede gestellt, meinte, der Kleine sei halt so schrecklich dumm, er freue sich sogar über die Schimpfworte. Das tägliche rituelle Verwünschen hörte allmählich auf.

Wie ist dies zu verstehen? Hanspeter hatte noch eine ältere Schwester, die ihn sehr verwöhnte. Gerne spielte er den „Kleinen" und kam so in den Genuß manchen Vorteils, verständlich, daß er da um seine Stellung bangte. Der Vater legte viel Wert aufs Gescheit-Sein. Hanspeters Schwester entsprach ganz diesem Ideal, sie lernte bereits mit vier Jahren lesen und schreiben, wofür sie auch sehr bewundert wurde. Hanspeter hatte keine solchen Interessen, und doch wurmte es ihn, daß seine Schwester schon so vieles konnte und mit ihrer Intelligenz dem Vater besonders gefiel. Es ist nun sehr verständlich, daß er befürchtete, ein Bruder könne ihm da eine zweite Konkurrenz werden. Mit dem „Verwünschen" hoffte er, unbewußt natürlich, den Bruder „dumm" zu machen. Zugleich wertete er sich selber auf, indem er sich als viel gescheiter als der Säugling vorkam. Mit diesem Ritual machte Hanspeter aber auch auf seine innere Not aufmerksam. Die Eltern begriffen dies, und vor allem der Vater schenkte seinem Sohn in der Folge mehr Beachtung.

Körpertherapie

Jolanda hatte mit zwei Jahren einen schweren Unfall. Sie erlitt ein Hirntrauma und blieb während mehreren Jahren an beiden Beinen gelähmt. Ärzte und Eltern bemühten sich sehr um das Kind, eine ganz spezielle Aktivierungstherapie sollte ihm helfen, seine Beine wieder zu gebrauchen. Die Therapie war überaus anstrengend für das Kind und für seine Eltern. Die Übungszeiten fanden verständlicherweise unregelmäßig statt, und der Erfolg war minimal. Nun verordnete der Arzt, daß die Therapie rituell gestaltet werden müsse: immer zur gleichen Zeit, die Übungen immer in der genau gleichen Abfolge. Jeden Morgen Punkt neun Uhr arbeitete Jolanda mit Vater oder Mutter mit eiserner Disziplin. Der Erfolg stellte sich nach wenigen Monaten ein, und Jolanda lernte, allein zu gehen. In diesem Fall half das Ritual, eine unangenehme und doch notwendige Körperübung zu machen. Indem sie rituell gestaltet wurde, konnte sie vom Kind leichter überblickt werden. Zudem vermute ich, daß bestimmte Reize auf das Gehirn so wirken, daß sie zu bestimmten Zeiten wieder erwartet werden. Ich stelle es mir ähnlich vor wie mit dem Erwachen am Morgen – wenn man immer zur gleichen Zeit aufsteht, braucht man in der Regel keinen Wecker mehr.

Spielgefährten

Hanna war gerade dreieinhalb Jahre alt, als sie mit ihren Eltern und den drei älteren Geschwister aus einem kleinen Dorf in die Stadt umziehen mußte. Hanna hatte sich in dem bäuerlichen Dorf wohl gefühlt, kannte die meisten Dorfbewohner und wurde wegen ihres munteren Wesens von allen geliebt. Ganz anders lebte es sich in der Stadt. Die Familie wohnte in einem stillen Einfamilienhausquartier, wo die meisten Häuser von berufstätigen Ehepaaren bewohnt wurden. Hannas Geschwister gingen bereits zur Schule, und die Kleine fühlte sich einsam in Haus und Garten. Sie war unglücklich, begann wieder einzunässen, stotterte, kaute Fingernägel und war ständig schlechter Laune. Nach einigen Wochen begann sie ein Ritual. Sie fragte die Mutter, ob sie Spielgefährten ins Haus bringen dürfe. Die Frage erstaunte die Mutter, wußte sie doch, daß weit und breit keine Kinder wohnten. Sie gab dem Wunsch nach, ohne weitere Fragen zu stellen, gespannt darauf, was geschehen würde. Die Kleine öffnete flugs die Türe zum Garten und rief die Kameraden herein. Der Reihe nach stellte sie diese der Mutter vor: Beni, Basi, Deni und Teni, wobei die Mutter jedem einzelnen die Hand schütteln mußte. Hanna verschwand mit den Kameraden im Spielzimmer, bald kamen sie aber wieder und wollten Fußball spielen. Die Mutter wurde gebeten, Schiedsrichter zu sein und die Tore aufzuschreiben. Einzig Hanna traf, die Jungen waren vollkommene Nullen. Nach dem Spiel wurden alle freundlich verabschiedet. Der Clou: alle Kameraden existierten nur in der Phantasie von Hanna. Zwei- bis dreimal täglich wurde Hanna von diesen eingebildeten Kameraden aufgesucht, und der Besuch lief immer genau gleich ab: zuerst Begrüßung jedes Einzelnen, auch durch die Mutter, dann Spiel im Kinderzimmer, dann Fußballspiel im Garten, wobei die Mutter die Tore aufschreiben mußte, welche natürlich alle von Hanna geschossen wurden, dann Verabschiedung mit Händeschütteln. Die Mutter merkte, daß diese tägliche Zeremonie sehr wichtig war für ihre kleine Tochter, obwohl das ganze mit der Zeit langweilig anmutete. Die Besuche liefen ohne jegliche Variation ab. Es war ein Ritual, das die Mutter glücklicherweise mitmachte. Schon nach wenigen Tagen hörte Hanna auf einzunässen, stotterte kaum noch, kaute die Nägel nicht mehr, und die schlechte Laune verschwand mehr und mehr. Nach einigen Wochen fand Hanna Kontakt zu einem älteren Ehepaar, welches für sie zu Ersatzgroßeltern wurde. Der Besuch der Spielgefährten wurde immer seltener.

Wie kann man dieses relativ lange Ritual, es dauerte bis zu einer Stunde, verstehen? Der Umzug hatte Hanna in eine tiefe Krise gestürzt, was aus ihren Symptomen ersichtlich wurde. Sie war aber seelisch so gesund, daß sich die selbstheilenden Kräfte, die in jedem Menschen angelegt sind, schnell einen Weg bahnen konnten über ein Ritual. Bei Kindern kann man dieses Phänomen oft beobachten, was wir dann auch im Kapitel über die Therapie noch sehen werden. Als Eltern muß man bei solchen spontan auftauchenden Ritualen mitspielen, wenn es das Kind fordert, so wie es die Mutter von Hanna machte. Sie ließ sich von ihrem Kind brauchen, weil sie spürte, daß da etwas ganz Wichtiges geschah, ohne daß sie unmittelbar verstand, worum es ging. Mütter haben da ein feines Gespür und sollten sich nicht scheuen, diesem zu vertrauen, auch wenn die Umgebung manchmal mit Unverständnis reagiert. Das Ritual ermöglichte Hanna, sich von dem Umzugsschock zu erholen und sich langsam für die neue Umgebung zu interessieren. Durch die „Spielgefährten“ konnte sie den Blick über den Gartenzaun wagen und fand tatsächlich für sie wichtige Bezugspersonen. Man kann sich fragen, warum die Spielgefährten alles Jungen waren und kein einziges Mädchen dabei war, außer Hanna, welche dann alle Tor schoß. Hanna maß ihre Kräfte gern mit dem um zwei Jahre älteren Bruder, die beiden andern Geschwister waren um fünf und acht Jahre älter, so quasi außer Konkurrenz. Im Fußballspiel konnte sie eine männliche Übermacht besiegen, auch wenn diese nur in der Phantasie existierte, und sie wertete sich so als Mädchen auf. Wir sehen auch an diesem Ritual, wie vieldeutig es sein kann, und wie vielfältig die Probleme sind, die darin bewältigt werden können. Ein Ritual bis ins letzte Detail zu verstehen, ist im Moment, da es erscheint, kaum möglich und auch nicht notwendig. Wichtig allein ist, daß man seine tiefe Bedeutung erahnt.

Kriegsangst

Der Golfkrieg löste auch bei den Kindern große Ängste aus, zumal viele Fernsehen schauten, ohne zu verstehen, was genau vor sich ging. In den Therapiestunden äußerte sich diese Angst unterschiedlich: Die Jungen, ohne Ausnahme, spielten Krieg im Sand und ließen die Amerikanischen Truppen siegen. Gefühle der Angst wurden kaum geäußert. Die Mädchen reagierten anders. Sie erzählten von ihren Ängsten, und die allermeisten beteten zu Gott, er möge doch dem Krieg ein baldiges Ende setzen. Interessanterweise sprechen die Kinder und Jugendlichen kaum vom Krieg im nahen Ex-Jugoslavien. Auffallend ist aber auch, daß sie kaum mehr Kriegsmaterial für die Sandbilder benutzen. Es scheint, daß der Krieg, weil er so nahe ist, verdrängt werden muß. Das sind meine Erfahrungen, die möglicherweise mit meinen eigenen

Ohnmachtsgefühlen zu tun haben. Andere Therapeuten machen vielleicht andere Erfahrungen.

Doch kehren wir zum Golf-Krieg zurück. Giovanni, ein zehnjähriger, italienischer Junge, fürchtete sich sehr vor diesen kriegerischen Auseinandersetzungen. Er erzählte mir, daß er nachts manchmal kaum einschlafen könne vor Sorge, der Krieg könnte sich ausweiten bis in unser Land. Eines Tages verkündete er, sichtlich erleichtert, er habe ein gutes Mittel gegen die Angst gefunden: Sein Kollege und er bauten aus Schnee ein kleines Haus und gaben ihm den Namen „Saddam Hussein-Palast". Ins Schneehäuschen legten sie einen kleinen Knallkörper (einen „Schwärmer" wie er in der Faschingszeit von den Jungen gerne benutzt wird), zündeten ihn und beteten gleichzeitig, Gott möge doch den Irakischen Präsidenten sterben lassen. Durch dieses Ritual befreite sich Giovanni von seinen Ängsten. Es wäre bestimmt zu einfach, sein Unwohlsein einzig auf den Golfkrieg zu reduzieren. Giovanni hatte noch viele andere, schwerwiegendere Probleme. Für all diese fand er einen „Aufhänger", den „Bösewicht Saddam Hussein". Auf diesen Feind projizierte Giovanni alle seine Nöte, was natürlich völlig unrealistisch war. Das Ritual verhalf ihm aber doch zu einem besseren Lebensgefühl, und das war entscheidend.

In diesem speziellen Fall verkörperte Saddam Hussein das Böse schlechthin und nicht einen ganz bestimmten Menschen, denn die Jungen hatten keine Ahnung, wer dieser Mann war. Niemals würde ich ein Ritual dulden, das einem bekannten Menschen auf diese Weise Schaden zufügen soll. Es erinnert an schwarzmagische Praktiken, welche auch in der heutigen Zeit ausgeführt werden. Ich verurteile derartige Rituale erstens, weil sie andere Menschen zu Sündenböcken stempeln und zweitens, weil ich überzeugt bin, daß schlechte Gedanken über einen Menschen, ebenso wie gute Gedanken, ihre Auswirkungen haben können, auch wenn diese nicht sofort ersichtlich sind.

Tierbegräbnisse

Eine heute 65jährige Frau erinnert sich lebhaft an ihre Kinderzeit und die Rituale, die sie zusammen mit einer Schwester und einem älteren Bruder vollführte. Es begann mit dem Tod der geliebten Katze, die, wie das in ländlichen Gegenden üblich war, im Garten vergraben wurde. Die Kinder waren sehr traurig und gestalteten ein Begräbnis, wobei sie das Grab mit Blumen schmückten. Damit war es aber nicht getan. Die Kinder bekamen Lust nach weiteren solchen Ritualen. Nun veranstalteten sie zwei- bis dreimal wöchentlich unter Anweisung des Bruders ein Tierbegräbnis im großen Garten des Elternhauses. Zuerst wurde das Grundstück nach einem toten Tier abgesucht. Sie fanden tote Käfer, manchmal kleine Spitzmäuse, welche die Katze zutode gebissen und dann liegen gelassen hatte, in seltenen Fällen fanden sie einen toten Vogel. Je nach Größe des Tieres wurde es in eine Streichholzschachtel oder in eine Zigarrenschachtel gelegt, die unter einem Busch vergraben wurde. Jedes kleine Grab wurde mit einem Kreuz gekennzeichnet. Das Begräbnis selber lief immer gleich ab: Der große Bruder mimte den Pfarrer und sprach unverständliche, lateinähnliche Texte. Die beiden Mädchen mußten andächtig mit gefalteten Händen und gesenktem Kopf daneben knien und die vom Bruder gemurmelten Gebete nachsprechen. Wehe, sie machten einen Fehler, dann wurden sie bestraft mit Bußgebeten, welche ebenfalls der Bruder erfand.

Gut verständlich ist das ursprüngliche Ritual, das Begräbnis für die geliebte Hauskatze. Kinder, die ein Tier verlieren, sollten die Gelegenheit haben, es zu betrauern. Kann man ein kleines Grab über eine längere Zeit immer wieder schmücken, hilft das bei der Verarbeitung des Schmerzes. Weniger verständlich sind die weiteren Rituale dieser Kinder, welche sich nach der Erinnerung der Frau über einen ganzen Sommer hinweg erstreckten. In der Wiederholung des Rituals liegt eine Möglichkeit zur Verarbeitung, denn Trauer braucht Zeit, ein einziges Ritual genügt da nicht. Zugleich ermöglichten die Rituale eine Ausweitung des Bewußtseins, daß alle Kreatur sterblich ist. Irgendwann wird sich dessen jeder Mensch schmerzlich bewußt.

Innerhalb von zwei Jahren wurden diese drei Kinder Vollwaisen. Man kann sich fragen, ob sie sich darum so sehr mit dem Tode beschäftigen mußten, ob ihnen dadurch, tief aus dem Unbewußten, eine Verarbeitungsmöglichkeit aufgezeigt wurde? Wir wissen es nicht, auch die zitierte Frau kann darüber keine Auskunft geben.

Kranker Vater

Der Vater einer fünfköpfigen Familie befand sich mit einer unheilbaren Krankheit im Spital. Die Mutter, eine gläubige Frau, betete mit ihren Kindern um die baldige Genesung. Es schien, als würden die Gebete erhört, denn der Mann konnte das Spital nochmals verlassen. Einige Monate später mußte er allerdings wieder eingeliefert werden, und diesmal bestand nach menschlichem Ermessen keine Hoffnung auf Genesung mehr. Die Kinder weigerten sich, um die Gesundheit des Vaters zu beten, sie haderten mit Gott und fanden ihn böse und ohne Macht. Nur das jüngste Kind gab nicht auf und wurde von der Mutter dazu angehalten, täglich mehrmals mit ihr um die Genesung des Vaters zu beten. Diesmal blieb die Wirkung aus, der Vater starb. In diesem besonderen Fall hat das Ritual nur bewirkt, daß weder Mutter noch Kind völlig hoffnungslos wurden. Vielleicht hat das dem kranken Vater geholfen, wissen können wir es nicht. Der Glaube der Mutter wurde nicht erschüttert durch diesen Tod, doch das jüngste Kind lehnte die Religion von nun an strikte ab. Es war zutiefst enttäuscht worden. Erst nach Jahren, als es längst erwachsen war, fand es einen neuen Zugang zur Religion. Die Mutter machte sich deswegen große Vorwürfe und war überzeugt, daß sie mit dem Beten um Genesung einen Fehler gemacht hatte. Ich denke, daß man ihr keinen Vorwurf machen kann, war sie doch in großer Not und konnte den unausweichlichen Tod ihres Mannes selber nicht wahrhaben. Gerade bei Krankheiten, die nicht geheilt werden können, ist es sinnvoll, die Kinder zu lehren, um Kraft zu bitten für den Kranken und für sich selber.

Schwangerschaftsabbruch

Die Mutter von Irena wurde ungewollt schwanger. Ein sechstes Kind wäre aus verschiedensten Gründen für die Familie nicht tragbar gewesen, zudem bestand Gefahr für die psychische Gesundheit der Mutter. Die Eltern entschlossen sich darum für einen Schwangerschaftsabbruch, wohlüberlegt und schweren Herzens. Irena hatte längst gespürt, daß mit den Eltern etwas nicht stimmte und reagierte mit Schlafstörungen sowie nächtlichem Aufschreien. Den Eltern wurde sofort klar, weshalb ihre Tochter solche Symptome zeigte. Sie waren für Klarheit und informierten alle Kinder, nicht nur Irena, über den Abbruch. Die Kinder hatten viele Fragen, welche die Eltern auf kindgemäße Art zu erklären versuchten. Man könnte meinen, daß sich nun alles wieder einrenkte. Dem war aber nicht so. Irenas Geschwister begannen nun ihrerseits, jedes auf seine Weise, zu reagieren: Eines wurde extrem unkonzentriert in der Schule, eines begann nachts einzunässen, eines wurde weinerlich und eines sehr aggressiv. Die Eltern waren zunächst ratlos. In bester Absicht hatten sie ihre Kinder aufgeklärt, was auch vom psychologischen Standpunkt aus gesehen richtig ist. Sie merkten aber bald, daß in einem solchen Fall die Wahrheit allein erst ein Teil ist. Es handelte sich ja um den Tod eines kleinen Lebewesens. Ein Tod muß immer betrauert werden, denn verdrängte Trauer wirkt sich immer negativ aus. Die Eltern beschlossen daher, mit ihren Kindern zusammen ein Trauerritual zu gestalten: Jedes Kind machte eine Zeichnung für das Ungeborene, feierlich wurden diese zusammen mit Kräutern in einer Schale verbrannt. Die Eltern und die Kinder verabschiedeten sich auf diese Weise von dem ungeborenen Leben. Das Ritual hatte die Funktion einer Trauerzeremonie, bei der man seiner Trauer auf ganz besondere Weise Ausdruck geben konnte. Die Symptome der Kinder verschwanden nach kurzer Zeit.

Tod einer Schülerin

Der schreckliche Unfalltod einer Viertklässlerin bestürzte zutiefst ihre Lehrerin und die Mitschülerinnen und Mitschüler. Die meisten Kinder waren das erste Mal so hautnah mit dem Tod in Kontakt gekommen. Alle fühlten, daß ihnen das gleiche hätte zustoßen können. Die ganze Klasse nahm an der kirchlichen Totenfeier teil und verabschiedete sich mit Liedern von ihrer Kameradin. Die Lehrerin merkte am Verhalten der Schüler aber bald, daß dieses Ritual nicht genügt hatte. Die Kinder waren laut, nervös und unkonzentriert. Die Lehrerin, eine einfühlsame und kluge Frau, gestaltete nun folgendes Ritual: Jedes Kind durfte an die Wandtafel eine Blume für die Verstorbene zeichnen. So entstand ein bunter Strauß, der eine Woche lang die Tafel schmückte. Zudem wurde jeden Morgen ein Lieblingslied der Verstorbenen gesungen, eine Woche lang. Während eines Monats wurde ebenfalls am Morgen eine Kerze angezündet, die auf einem seidenen Tuch stand, umgeben von hübschen Steinen, welche die Kinder gesucht hatten. Auf diese Weise wurde der Tod nicht verdrängt, und die Kinder konnten auf liebevolle Weise langsam Abschied nehmen. In dieser Atmosphäre wagten sie Fragen zu stellen über den Tod und was danach sei. Diese Herausforderung nahm die Lehrerin an und benutzte sie zu sehr persönlichen Gesprächen, wobei sie sich auch nicht scheute, ihren ganz persönlichen Glauben auszusprechen.

Das ist eine hervorragende Art, mit Schülern zusammen eine Trauerzeit zu gestalten. Nur so lernen Kinder, besser mit dem Tod umzugehen, Trauer wahrzunehmen und ihr Ausdruck zu verleihen.

RITUALE DURCH DEN TAGESABLAUF

Der Alltag wird im Sprachgebrauch meist recht stiefmütterlich behandelt. Man spricht vom grauen Alltag, vom Alltagstrott, von der Alltagslast, vom Alltagskram, von den Alltagsmühen - so als ob ein Tag in einem Menschenleben schwer auszuhalten wäre. Glücklicherweise ist dem nicht immer so. Von Menschen, die aus dem Alltag herausgerissen werden - etwa durch Arbeitslosigkeit oder Pensionierung -, wissen wir, daß sie damit einen wichtigen Halt verlieren, einen Halt, der ihnen Geborgenheit vermittelte und ihnen ihre Identität gab. Sie müssen sich neu orientieren und sich eine neue Struktur für ihren Tag suchen, was eine schwierige Herausforderung ist, an der begreiflicherweise viele scheitern. Auch Kindern und Jugendlichen vermittelt ein strukturierter Tagesablauf Halt und Geborgenheit. Die Tagesstruktur kann aber nicht ein für alle Mal festgelegt werden und sollte immer wieder neuen Gegebenheiten angepaßt werden, da sie einen sonst zu sehr einengt und der zur Lebensgestaltung nötigen Kreativität wenig Raum läßt.

Nach meiner Erfahrung leben bereits viele Kinder in einem durch und durch organisierten Tagesablauf, der oft wenig auf ihre Bedürfnisse zugeschnitten ist. Die Schule ist bereits leistungsorientiert, aber auch eine überorganisierte Freizeit kann diesen Charakter annehmen. Kindern und Jugendlichen wird somit das hektische Leben Erwachsener aufgezwungen. Viele Eltern möchten ihren Kindern zu viel bieten und sie in allen Bereichen fördern, nur um sich nie den Vorwurf machen zu müssen, sie hätten an ihren Kinder zu vieles verpaßt und ihnen zu wenig Chancen gegeben. Zu sehr werden die Eltern, insbesondere die Mütter, für alles und jedes verantwortlich gemacht. Es ist daher gut verständlich, wenn solchermaßen verunsicherte Eltern alles für ihre Kinder tun. Meistens fehlen dann in diesen Familien Zeit und Muße für ganz persönliche Gespräche. Und eigene Bedürfnisse, elterliche und kindliche, können kaum mehr wahrgenommen werden vor lauter Aktivitäten; ganz zu schweigen von den Gefühlen, die man dem Ideal der Förderung der Kinder opfert.

Das Gegenteil sind Familien, die einen völlig ungeregelten Tagesablauf leben. Kein Tag gleicht dem andern, oft bedingt durch die Arbeitssituationen der Eltern, die von Termin zu Termin hetzen. Das stiftet Verwirrung. Kinder, welche weder die Wochentage noch die Jahreszeiten auf Anhieb wissen, sind gar nicht so selten anzutreffen. Oft orientieren sich Kinder am Fernseh-Programm. Ich kenne einige, welche die Wochentage nach TV-Serien benennen: „Wenn Enterprise kommt, haben wir meistens keine Hausaufgaben", oder „Wenn Meister Eder gesendet wird, gehen meine Eltern abends aus." Diese Kinder haben mindestens einen täglichen Fixpunkt, auch wenn er noch so fragwürdig ist. Selbst den eigenen Geburtstag können sich einzelne Kinder nicht mehr merken. Irgendwann im Winter habe es Geburtstag, meint ein normalintelligentes, neunjähriges Mädchen auf meine entsprechende Frage. Es sei aber nicht ganz sicher, ob das nun der Tag sei, an dem es manchmal einen Kuchen mit Kerzen bekomme, es wisse auch nicht, ob dieser Tag vor oder nach Weihnachten sei. Jugendlichen fällt es oft schwer, sich beispielsweise an den Verlauf des letzten Wochenendes zu erinnern. Da dauernd etwas los ist, lassen sich die Ereignisse zeitlich nicht mehr einordnen.

Sowohl in überorganisierten Familien, in denen wenig Platz für Eigeninitiative bleibt, als auch in unstrukturierten Familiengemeinschaften könnten Rituale sinnvoll eingesetzt werden. Ihre Aufgabe wäre:
- den Tagesablauf regeln
- familiäre Beziehungen festigen
- Geborgenheit geben
- Freiraum schaffen für Muße und eigene Kreativität
- Angstbewältigung.

Ritualbeispiele:

Morgenritual
Die Mutter von Hans und Helene, eine alleinerziehende, berufstätige Frau, legt viel Wert auf die Frühstückszeit. Sie muß deswegen zwar mindestens eine halbe Stunde früher aufstehen, nimmt dies aber gerne auf sich. So hat sie Zeit, um mit ihren Kindern die vergangene Nacht zu besprechen: Die Mutter fragt, wie sie geschlafen, ob sie gute oder ängstigende Träume gehabt hätten. Hans hat während einiger Zeit unter Albträumen gelitten. Für ihn war diese Aussprache entlastend, so daß er seine unguten Gefühlen nicht während des ganzen Morgens mit sich herumtragen mußte.

In diesem Morgenritual erleben die Kinder, wie ernst sie genommen werden, da sich die Mutter für ihre Befindlichkeit interessiert. Es ist nicht nötig, daß sie den Kindern Träume deutet (das sollte man in der Regel ohnehin unterlassen), denn es genügt, daß die Kinder ein offenes Ohr finden. Auch wir Erwachsenen kennen doch diese Gefühle, die Träume hinterlassen können und gerne erzählt werden möchten, um uns für den Tag zu befreien.

Es gibt Familien, bei denen es üblich ist, den Tag beim gemeinsamen Frühstück kurz zu besprechen. Besonders dann, wenn man sich den ganzen Tag über nicht mehr sieht, sollte meines Erachtens noch mehr Wert auf diese gemeinsame Zeit gelegt werden. Ich meine, daß es sich für jede Familie lohnt, sich ernsthaft zu überlegen, wie sie den Start in den neuen Tag gestalten will. Das ist für Eltern und Kinder gleichermaßen wichtig – das Gefühl der Geborgenheit und Zusammengehörigkeit läßt einen auch den schwersten Tag leichter ertragen.

Vor Schulbeginn

Der Unterricht der kleineren Schüler beginnt morgens meist nicht sehr früh. Für viele Mütter sind das beschwerliche Stunden, während derer sie gerne Hausarbeiten erledigen und dabei nicht gerne gestört werden möchten (ein Ritual der Mutter?). Oft wird deswegen der Fernseher als Kinderunterhalter eingesetzt, ein denkbar schlechtes Mittel, sich die Kinder vom Hals zu halten. Die Mutter von Jörg war in dieser Situation. Schimpfen, den Kleinen ins Zimmer schicken, ihm alle möglichen Spiele schmackhaft machen, zeitigten keinen Erfolg. Jörg quengelte und langweilte sich. Die Mutter merkte dann, daß sie dem Jungen eine sinnvolle Arbeit durchaus zumuten konnte: Er war nun dafür verantwortlich, daß alle Waschbecken sauber geputzt waren, täglich. Nach getaner Arbeit nahm sie sich Zeit, mit Jörg ein von ihm gewähltes Spiel zu machen – auch dies täglich, selbst dann, wenn es nicht gerade in ihren Arbeitsplan paßte. Das Durchhalten dieses Rituals erforderte von der Mutter einige Konsequenz und Selbstdisziplin. Es lohnte sich aber, denn Jörg beschäftigte sich nach diesem Ritual ganz gerne mit sich selbst, bis es Zeit war, zur Schule zu gehen. Indem Jörg die Lavabos putzte, eine wichtige Arbeit, die bis anhin seine Mutter erledigen mußte, konnte er möglicherweise sein Selbstvertrauen stärken. Als Belohnung spielte dann die Mutter mit ihm. Seine Bedürfnisse wurden also auch ernst genommen. Zudem vermittelte ihm dieses Ritual das Gefühl der Zusammengehörigkeit.

Es scheint, daß kleinere Kinder gerade in der Zeit vor dem Schulbeginn nochmals ganz die Aufmerksamkeit der Mutter brauchen. Zur Schule gehen, des elterliche Zuhause verlassen, ist bei den meisten Kindern angstbetont, auch wenn ihnen das nicht bewußt ist und man dies als Eltern nicht auf Anhieb merkt. Sie haben Angst vor dem Schulweg, auf dem immer wieder Unbekanntes auf sie warten kann. Manchmal haben sie auch Angst davor, was während ihrer Abwesenheit mit der Mutter geschehen könnte.

Kinder zeigen ihre Bedürfnisse immer wieder, wir Erwachsenen müssen bloß lernen, die Zeichen zu erkennen und zu lesen. Vielleicht geht es uns wie der Mutter von Jörg: Wir entdecken ein Ritual oder nehmen ein Ritual auf, das ein Kind macht, oder wir erfinden zusammen mit dem Kind ein neues Ritual.

Freizeit

Kinder und Jugendliche sollten täglich Freizeit für sich ganz allein haben, mit Vorteil stets zur gleichen Tageszeit. Oft eignen sich dazu die Mittagspause oder die Zeit vor dem Nachtessen. Mütter und Väter müssen konsequent auf dieser

Zeit beharren. In dieser halben oder ganzen Stunde sollten sich die Kinder allein beschäftigen. Vielfach ist es so, daß sich Kinder über Langeweile beklagen, kein Buch interessiere sie, keine CD sei hörenswert, und extrem uninteressant sei das Zeichenheft. Eltern bekommen da leicht Schuldgefühle und versuchen mit unzähligen guten Vorschlägen, die Kinder auf spannende Dinge aufmerksam zu machen. Meistens nützt das gar nichts, am Schluß solcher Diskussionen entsteht leicht Streit.

Langeweile wird oft als etwas sehr Negatives empfunden. Wir sind gewohnt, daß immer etwas läuft oder daß man ununterbrochen aktiv ist. Langweilt sich ein Kind, meinen die Eltern, sie hätten wieder einmal Fehler gemacht oder mit dem Kind stimme etwas nicht, es habe vielleicht gar einen psychischen Defekt. Langeweile kann auch zu einem Ritual gehören, gerade wenn es darum geht, sich etwas Neuem zuzuwenden, von dem man noch nicht so genau weiß, wie es sein wird. Langeweile muß man aushalten können, wobei oft unsichtbar ganz viel geschieht. Die Gedanken fließen frei und unkontrolliert, manchmal bleiben sie hängen an einem unangenehmen Erlebnis, worauf die Langeweile unterbrochen wird: Man wird wütend oder traurig und hat dann oft das Bedürfnis, etwas zu tun. Kinder können in solchen Situationen ihren Gefühlen auf verschiedene Weise Ausdruck geben; die einen beginnen sich zu bewegen, umherzugehen, viele ziehen es vor zu zeichnen. Letzteres ist ein hervorragendes Mittel, um sich von unangenehmen Gefühlen oder schweren Erlebnissen zu befreien. Es ist äußerst wichtig, daß Kindern und auch Jugendlichen genügend Zeichenmaterial zur Verfügung steht.

Langeweile kann auch zu angenehmen Tagträumen führen. Kinder und Jugendliche träumen sich in die attraktivsten Rollen hinein und sehen sich als Helden oder wunderschöne Divas. Tagträume können aber auch sehr störend sein, wenn sie zur falschen Zeit auftreten, zum Beispiel in einer Mathestunde oder auf einer belebten Straße. Kann man ihnen jedoch Raum geben und ihnen einen ganz bestimmten Platz zuweisen, können sie kreative Auswirkungen haben. Ich denke da an einen Junden, der begann, seine Tagträume, die ihn in der Schule daran hinderten aufzupassen, zu ganz bestimmten Zeiten zuzulassen – in einem Ritual – und sie nachher aufzuschreiben. Es entstanden spannende und amüsante Geschichten.

Langeweile kann dazu führen, daß Kinder selber zu spielen beginnen, einfach deshalb, weil sie sonst kaum Zeit haben zu spüren, was sie eigentlich tun möchten. Sie sind sich gewohnt zu konsumieren und nicht selber etwas zu initiieren. Der fünfjährige Anton war ein stilles Kind. Seine kleine lebhafte Schwester nahm es ihm ab, je einen Gedanken darüber zu verlieren, was man spielen könnte. Wenn er sich alleine beschäftigen sollte, war es ihm rasch langweilig. Seine Eltern verlangten jedoch strikte von beiden Kindern, eine halbe Stunde allein zu verbringen. Anton fiel das schwer, und während Monaten langweilte er sich. Einmal schenkte ihm sein Großvater einen kleinen Abreißkalender, worauf sich Anton plötzlich für Monate und Daten interessierte. Innerhalb weniger Wochen lernte er nach einem eigenen System den Kalender auswendig, das heißt, er wußte von jedem Datum den Wochentag, zum Beispiel der 10. August ist ein Freitag, etc. Uns scheint dies eine absonderliche Art, sich zu beschäftigen. Anton erntete aber begreiflicherweise viel Bewunderung und weckte Erstaunen, denn kein Fünfjähriger in seiner Umgebung konnte so etwas. Gleichzeitig überflügelte er damit seine muntere Schwester, die sonst immer im Mittelpunkt stand. Heute ist Anton ein guter Student der Geschichte, Langeweile kennt er kaum. Was damals als kleines Kind begonnen hat, pflegt er noch heute: sich mit sich selber beschäftigen, seinen Gedanken und Gefühlen Raum geben.

Jugendliche lieben es, sich zurückziehen zu können. Hierfür sollte ihnen ein eigenes Zimmer zur Verfügung stehen, wo sie ungestört sind und niemand unangemeldet hereinstürmt. Je wohler sich ein junger Mensch in seinen eigenen vier Wänden fühlt, desto weniger muß er sich draußen herumtreiben. Nach meiner Erfahrung hat es sich zudem bewährt, den Jugendlichen eine „Musikzeit" einzuräumen und dabei nicht so sehr auf den Lärmpegel zu achten – die „laute Zeit" dauert ja nicht ewig.

Mahlzeiten

Einen besonderen Stellenwert nehmen die gemeinsamen Mahlzeiten ein. Mindestens eine davon sollte so geplant sein, daß alle Familienmitglieder anwesend sind. Am gemeinsamen Tisch sollte Raum und Zeit sein für Gespräche, schnell hinuntergeschlungenes Essen ist weder dem Körper noch der Seele zuträglich. Ein vierjähriger Junde litt an Eßstörungen und wurde nach einer gründlichen medizinischen Abklärung zur Psychotherapie überwiesen. Der Grund seiner Probleme wurde bald klar: Seine Mutter legte wenig Wert auf ein gemeinsames Essen, denn sie hatte es als Kind, offenbar ohne Schaden zu nehmen, ebenso erlebt. Sie stellte die Speisen auf den Tisch, und jeder konnte sich beliebig bedienen, sich an den Tisch setzen oder seinen Teller mit aufs Zimmer nehmen, es war sogar erlaubt, während des Essens zu spielen oder TV-Sendungen anzuschauen. Der Mutter wurde empfohlen, das gemeinsame Essen rituell zu gestalten. Sie deckte in der Folge den Tisch sorgfältiger, und gegessen durfte erst werden, wenn alle geschöpft hatten. Diese Änderung genügte, um die Eßstörungen zum Verschwinden zu bringen.

Zur Zeit unserer Großmütter war ein Tischgebet üblich. Wäre das nicht ein Ritual, das wir wieder mit Sinn füllen könnten? Es gibt ja auch viele Lieder, die sich dazu eignen, vor dem Essen gesungen zu werden. Gewiß, bevor ein solches Ritual in der Familie eingeführt wird, muß es mit den Kindern genau besprochen werden. Man kann nicht plötzlich etwas Grundlegendes verändern, wenn man sich jahrelang andere Sitten gewohnt war. Es kann aber auch vorkommen, das man das Essensritual abändern muß, wenn die Beteiligten innerlich nicht mehr mitmachen. Ich pflegte mit meinen Kindern vor dem Essen zu singen. Sie durften, da sie viele Tischlieder kannten, eines auswählen. Lange Zeit ging das sehr gut, und auch die Gäste machten bei unserem Ritual mit. Nun entdeckten die Kinder, daß die meisten Gäste mit einem ganz bestimmten Kanon Mühe hatten und dann falsch sangen. Es versteht sich, daß sie bei jedem Besuch den besagten Kanon singen wollten, sich heimlich stupften und lachten. Sie fanden das derart amüsant, daß sie ebenfalls begannen, leicht falsch zu singen. Als sie sich dann im Falsch-Singen steigerten, merkte auch ich die Absicht. Das Ritual war für die Kinder sinnlos geworden. Wir beschlossen, das Singen aufzugeben und wünschten uns nur noch eine gute Mahlzeit. Mir tat das leid, trotzdem fand ich es besser, eine Form zu finden, die ehrlich war und zu der alle stehen konnten.

Oft beklagen sich Eltern über die schlechten Tischmanieren ihrer Kinder. Natürlich kann man sich darüber streiten, was zu tolerieren ist und was nun wirklich aus dem Rahmen fällt. Starre Regeln, wie sie unsere Großeltern kannten, gelten kaum noch. Das Gegenteil ist eher der Fall, so daß man das Essen „irgendwie in den Mund schaufelt". Ich vertrete die Ansicht, daß wir Eltern den Kindern ein Minimum an Tischsitten vermitteln sollten, ansonsten gehören sie später zu denjenigen, die in teuren „Benimm-dich-Kursen" lernen müssen, wie man mit Messer und Gabel umzugehen hat. Eine Familie mit vier Kindern löste das leidige Problem mit einem Ritual. Jeweils am Mittwoch waren am Tisch schlechteste Manieren erlaubt. Den Kindern wurde separat aufgetischt, und sie durften essen „wie die Räuber", wie sie sagten. Die Füße wurden auf den Tisch gelegt, Messer und Gabeln waren überflüssig, es wurde geschlürft und gerülpst, und jeder gab sich Mühe, den andern mit ekelerregendem Tun zu übertreffen. An allen andern Tagen galten bei Tisch die Regeln der Eltern, die Erfolg hatten mit ihrem Ritual: Schon nach wenigen Wochen baten die Kinder darum, den „Räuber-Tag" wieder abschaffen zu dürfen – es ekle sie zu sehr, und sie schätzten jetzt die vorgeschriebenen Tischsitten.

Abendrituale

Samuel litt an Schlafstörungen. Er konnte zwar einschlafen, erwachte jedoch nach einer Stunde wieder und fand dann keinen Schlaf mehr. Folgendes Ritual half dem Achtjährigen: Immer bevor er zu Bett ging, zeichnete er. Mal waren es Dinge, die er den Tag über erlebt hatte, mal waren es grausige Gestalten, dann wieder schöne Pflanzen. Die Bilder wurden dann in einer eigens dafür bestimmten Mappe versorgt, nachdem sie der Vater angeschaut hatte. Mit dem Zeichnen konnte sich Samuel einerseits belastender Erlebnisse entledigen, andererseits versicherte er sich der Aufmerksamkeit des Vaters, welcher wie so viele Väter wenig Zeit für sein Kind hatte. Die Zuwendung des Vaters vermittelte dem Jungen das Gefühl der Geborgenheit, der Wertschätzung und der Sicherheit, die er brauchte, um sich dem Schlaf hinzugeben. Auch kleine Rituale können viel bewirken, wenn sie täglich eingehalten werden. Man darf sie selbst dann nicht auslassen, wenn man müde ist oder gerade keine Lust dazu hat; sonst sind es keine Rituale mehr, sondern mehr oder weniger leere Handlungen.

Ein Vater reservierte sich einen Abend pro Woche für seine bald erwachsenen Kinder. Gemeinsam kauften sie ein, kochten und redeten dann zusammen über alles mögliche. Jeder dieser Abende verlief nach dem gleichen Schema: einkaufen, kochen, essen, sprechen. Dieser Kinder-Abend wurde über mehrere Jahre beibehalten, weshalb ich ihn als ein Ritual verstehe. Er trug dazu bei, daß die Beziehung zu den Kindern gefestigt wurde und auch die stürmischen Jahre der Pubertät überlebte.

An diesem kleinen Beispiel wird deutlich, wie sehr die Qualität der Zeit die Quantität aufwiegt. Oft sind es unscheinbare Dinge, die für einzelne wichtig sind: Die 15jährige Ilma wünschte, daß die Mutter, bevor sie zu Bett gehe, noch schnell zu Ilma ins Zimmer schaue und „gute Nacht" flüstere. Durch die Anwesenheit der Mutter fühlte sich das Mädchen geborgen. Dieses Ritual ist ein Relikt aus der Kindheit von Ilma. Ihre Mutter setzte sich damals jeden Abend an ihr Bett und betete mit ihr. Abendrituale tragen viel bei zum Wohlbefinden aller Familienmitglieder. Es ist allgemein bekannt, daß man besser schläft, wenn man mit seiner Umwelt ins reine gekommen ist. Ich meine, es lohnt sich, mit Kindern und Jugendlichen zu besprechen, wie man den Tag gemeinsam beschließen möchte.

RITUALE FÜR EINEN LEBENDIGEN JAHRESABLAUF

Zu diesen Ritualen zähle ich jene, die alljährlich wiederkehren. Ihre Funktion ist dieselbe wie jene der Alltagsrituale:

- Orientierung in der Zeit
- Geborgenheit vermitteln
- Stärkung des Selbstwertgefühls, wenn es sich um persönliche oder familiäre Rituale handelt
- Sich-eingebunden-Fühlen in ein größeres Ganzes

Ritualbeispiele:

Geburtstag

Für ein Kind ist es außerordentlich wichtig, daß sein Geburtstag gefeiert wird. Es soll merken, daß man sich über sein Dasein freut. Deshalb sollte man sich in der Gestaltung dieses Tages darum bemühen, die Gefühle des Kindes zu respektieren. Für Kinder, besonders für die kleineren unter ihnen, ist es wohltuend, wenn ihr Geburtstag rituell, das heißt in diesem Fall, jedes Jahr ähnlich, abläuft. Das kann am Morgen mit dem Wecken und einem schön gedeckten Frühstückstisch beginnen. Das Mittagessen darf vom Geburtstagskind gewählt werden, ebenso der Geburtstagskuchen. Und vielleicht steht im Wohnzimmer ein geschmückter Gabentisch. Wichtig ist, daß der Rahmen des Geburtstages jährlich derselbe ist. Sogar im jugendlichen Alter wird das noch geschätzt. Mit dem Respektieren der Gefühle des Kinde meine ich, daß man an diesem besonderen Tag auch ganz besondere Wünsche nach Möglichkeit berücksichtigen sollte.

Urs bekam jedes Jahr einen Geburtstagskuchen mit Kerzen. Am Ausblasen der Lichter hatte er Freude, nicht aber am Kuchen. Mit vier Jahren wagte er, seine Wünsche anzubringen: statt des Kuchens wollte er lieber Perlzwiebeln und Essiggurken. Dieser Wunsch wurde ihm erfüllt, seine Mutter bereitete künftig, anstatt eines Kuchens, einen Teller vor mit hübsch arrangierten Essigfrüchten und Kerzen. Urs freute sich schon das ganze Jahr auf diese Köstlichkeiten, welche er sonst niemals in solcher Menge genießen durfte. Meistens sind es kleine Dinge, die diesem Tag das besondere Gepräge geben. Große, übertriebene Geschenke können niemals Gefühlswärme ersetzen.

Jasmins Vater, ein überlasteter Geschäftsmann, wollte seiner Tochter etwas ganz Besonderes bieten, da er für sie wenig Zeit hatte: Er buchte einen Alpenrundflug. Jasmin hatte aber große Angst vor dem Fliegen, wagte es jedoch dem Vater nicht zu gestehen, aus Furcht, ihn zu verletzen. Viel lieber hätte sie mit ihm ganz allein einen Spaziergang gemacht und ihn aus seiner Jugendzeit erzählen hören, denn das liebte sie über alles.

Kinderpartys sind sehr beliebt anläßlich von Geburtstagen. Manchmal hat man den Eindruck, Mütter veranstalteten einen Wettbewerb unter sich, welche wohl das gelungenste Fest organisiere. Gestaltet man eine Kinderparty rituell, wenn möglich mit dem Geburtstagskind zusammen, wird sie sicher nie ausufern oder gar in einem Chaos enden, wie das so oft geschieht.

Das Schema eines solchen Rituales könnte so aussehen:
- Eingangsritual, das zur Beruhigung der Kinder führen soll:
  - ◇ Begrüßung
  - ◇ sich in einen Kreis setzen
  - ◇ ein Gratulationslied singen
  - ◇ ev. Geschenke auspacken und würdigen
  - ◇ den Ablauf des Festes erklären
- Durchführen des eigentlichen Festes:
  - ◇ freies Spielen
  - ◇ organisierte Spiele
  - ◇ Wettspiele
  - ◇ gemeinsames Essen, etc.
- Abschiedsritual, das wiederum zur Sammlung dienen und das chaotische Davonlaufen verhindern soll:
  - ◇ sich nochmals im Kreis versammeln
  - ◇ Kreistanz als Abschluß
  - ◇ Lied als Abschluß
  - ◇ Geschichte als Abschluß

Eine Kinderparty muß unbedingt von einem Erwachsenen begleitet und geführt werden, sonst artet sie leicht aus, was bei allen Beteiligten einen schlechten Nachgeschmack hinterläßt. Gestaltet man das Festchen rituell, wird es als gelungen erlebt, auch wenn gar keine außergewöhnlichen Attraktionen geboten werden.

Familienfeste

Wir leben in einer Zeit, da alte Traditionen gerne über Bord geworfen werden, wohl darum, weil sie sinnentleert geworden sind. Dazu gehören auch die oft verpönten Familienzusammenkünfte. Ich meine, daß es sich lohnte, diesen wieder mehr Beachtung zu schenken und ihnen einen neuen Sinn zu geben. Gerade für Kinder sind solche wiederkehrenden Feste von großer Bedeutung. Sie geben ihnen das Gefühl, in einer größeren Gemeinschaft eingebettet zu sein, das Gefühl dazuzugehören. Mir wird das immer wieder bewußt, wenn Kinder aus italienischen Familien von ihrer Verwandtschaft erzählen. Gewiß, sie kommen aus einem anderen Kulturkreis mit anderen Traditionen, welche wir nicht einfach auf uns übertragen können. Trotzdem bin ich der Meinung, daß wir darüber nachdenken sollten, was wir für uns ganz persönlich übernehmen könnten. Wir pflegen ja auch, fremdländische Eßkulturen, Kleidermoden zu übernehmen und sie unserem Geschmack anzupassen. Wieso nicht einmal ein Fest? Gestaltet man einmal ein Fest nach dem obigen Schema (Anfang - Durchführung - Abschied), wird man angenehm überrascht sein, wie wohl sich alle fühlen. Auch hier ist es von Vorteil, wenn eine oder mehrere Personen die Führung übernehmen.

Kirchliche Feste:

Advent

Dies ist die Zeit, welche sich besonders gut für Rituale eignet, die jedes Jahr auf die gleiche Weise wiederholt werden können. Der Adventsschmuck kann zusammen mit Kindern gebastelt werden - auch Jugendliche tun da oft gerne mit -, statt teure, zwar schöne Dekorationen zu kaufen. Selber hergestellte Adventskränze sind vielleicht nicht so perfekt, in ihnen stecken aber viele persönliche gute Gefühle. Die

Eltern der neunjährigen Svenia betreiben eine Gärtnerei. Svenia freut sich schon Wochen im voraus auf den Sonntag vor dem ersten Advent. Da laden ihre Eltern Freunde und Verwandte ein und stellen ihnen Material für die Herstellung eines Adventskranzes zur Verfügung. Für Svenia ist das einer der schönsten Tage im Jahr. Ich meine, daß dies ein Jahres-Ritual ist, das die Gemeinschaft fördert und der Vorweihnachtszeit eine besondere Bedeutung zumißt. Der Advent bietet die Gelegenheit für viele Rituale, die für Groß und Klein gleichermaßen bedeutungsvoll sein können und denen ein festlicher Anstrich gegeben werden kann. Es kann sein, daß man es sich zur Gewohnheit macht, am Abend bei Kerzenlicht zusammen zu sitzen, zu schwatzen, Geschichten zu erzählen oder Weihnachtslieder zu singen. Kleinere Kinder lieben das besonders.

Jede Familie muß ihre eigenen Rituale finden, die den Weihnachtsgedanken zum Inhalt haben sollten, wodurch sie im weitesten Sinne friedensstiftend sein können.

Weihnachtsfest

Dieses ganz besondere Fest wird wohl in allen christlichen Familien gefeiert. Kleine Kinder schätzen es, wenn das Fest immer gleich abläuft. Es erleichtert ihnen die Vorfreude und vermittelt ihnen das wichtige Geborgenheitsgefühl. Ich erinnere mich noch gut an die Bestürzung meiner damals dreijährigen Tochter, als am Weihnachtsbaum der „Teufel" fehlte. Ich war mir nicht bewußt den „Teufel" je an den Baum gehängt zu haben, doch die Kleine hatte in einem rotgewandeten Engel den Teufel gesehen; er fehlte wirklich und wurde schleunigst aus der Schachtel geholt. Es ist doch erstaunlich, was kleine Kinder wahrnehmen. Das ist jedoch nur möglich, wenn ihre Gefühle stark an einer Sache beteiligt sind, wie das bei einem so festlichen Ritual der Fall sein sollte.

Nach meiner Erfahrung hat es sich bewährt, besonders wenn die Kinder älter werden, den Ablauf zu planen. Alle Familienmitglieder sollten etwas beitragen und sich innerlich engagieren können. Nur so kann Weihnachten zu einem erfüllten Ritual werden. Das gemeinsame Planen ist dann besonders wichtig, wenn die Familie aus irgendwelchen Gründen nicht mehr vollständig ist, sei es durch Tod oder Scheidung verursacht. Oft muß man da ganz neue Formen finden, und manchmal braucht es dazu mehrere Weihnachtsfeste, bis man wieder ein Ritual gefunden hat, das alle mit guten Gefühlen dabei sein läßt. Es gibt Familien, die Weihnachten feiern, wie sie es von ihren Großeltern her gewohnt sind: Die gleichen Gerichte werden gekocht, die gleichen Geschichten vorgelesen und der Baum auf die gleiche Weise geschmückt. Hier handelt es sich um sinngefüllte Rituale, die zu erhalten sich lohnt.

Fastenzeit

Selbst durchaus kirchlich orientierte Menschen nehmen die Fastenzeit kaum mehr ernst. Verzicht ist ein negativ belasteter Begriff. Wir alle haben das Gefühl, wir müßten uns schon das ganze Jahr durch abquälen und auf vieles verzichten: Wir haben ständig zu wenig Zeit, immer mehr Leute müssen auf Arbeit verzichten, andere haben zu wenig Freizeit, immer mehr Leute stehen an der Armutsgrenze, wir müssen auf gesunde Luft verzichten, wir verzichten manchmal auf das Auto, wir verzichten auf giftfreie Nahrung, etc. Noch mehr Verzicht, so meinen viele, könnte mehr schaden als nützen. Gewiß, wir müssen auf vieles verzichten. Wir wissen, daß Verzichten-Können zum Leben gehört. Einige können es gut, anderen fällt es sehr schwer. Maßvollen Verzicht müssen wir unseren Kindern lehren, denn dann sind sie weniger verführbar und können besser nein sagen.

Die Fastenzeit eignete sich vorzüglich, um zusammen mit den Kindern freiwilligen Verzicht zu üben. Das müssen nicht gewaltige Fastenübungen sein, die schnell wieder kompensiert werden. Es können ganz kleine Dinge sein, die wir in dieser Zeit unterlassen. Die Kinder sollten in die Entscheidung miteinbezogen werden, denn ein aufgezwungener Verzicht schadet und kommt einer Vergewaltigung gleich.

Der Sinn des Verzichtes wäre:
- mehr Frustrationstoleranz gewinnen
- spüren, daß Verzichten nicht unmöglich ist
- Stärkung des Selbstvertrauens

Mir sind nur ganz wenige Familien bekannt, welche die Fastenzeit im obigen Sinne gestalten. Eine Familie verzichtet in dieser Zeit ganz auf den Fernsehkonsum. Das hat zur Folge, daß mehr Bücher gelesen werden und man die Abende im Familienkreis besser zu Gesprächen nutzt. Diese Familie empfindet den Verzicht als Gewinn. Eine andere Familie ißt in dieser Zeit keine Nachspeisen. Die Kinder freuen sich da ganz besonders auf Ostern. In einer anderen Familie verzichtet jeder auf etwas anderes: der Vater raucht nur noch an drei Tagen, die Mutter ißt keine Schokolade, die Kinder verzichten auf alle Schleckwaren.

Jede Familie muß für sich selber entscheiden, worauf sie verzichten möchte und was für sie ein maßvolles Fasten bedeuten könnte. Ich meine, auf diese Weise könnte man der Fastenzeit einen neuen Sinn geben. Eltern, welche mit dieser vorösterlichen Zeit in ihrer eigenen Kindheit nur negative Erfahrungen gemacht haben, tun sicher besser daran, das Fasten und Verzichten anderswo zu üben. Negative Gefühle leben leicht wieder auf und können, wenn sie sehr stark sind, den Zugang zu einem anderen Fastenverständnis verbauen. Es wäre durchaus auch sinnvoll, in dieser Zeit zugunsten von anderen, denen es schlechter geht als uns, auf etwas zu verzichten. Hilfsorganisationen können unterstützt werden. Vielerorts werden Suppentage durchgeführt, die vor allem bei Kindern beliebt sind, weil da auch die Gemeinschaft gepflegt wird. Man könnte aber auch Hilfsbedürftigen im weitesten Sinne etwas zukommen lassen, vielleicht einige Stunden „kostbarer Zeit" oder einen Besuch, etc ... Alle Unternehmungen können mit den Kindern abgesprochen und ihre Wünsche ernst genommen werden.

Es versteht sich, daß man dies nicht nur in einem einzigen Jahr machen sollte, da es sonst kein jahreszeitliches Ritual ist.

Karwoche

Eigentlich wäre diese Woche im Kirchenjahr dazu da, der Leiden Christi zu gedenken. Das tun wohl die wenigsten Menschen, einfach darum, weil Leiden in unserer Gesellschaft verdrängt wird. Leidet ein Kind, sind wir vorschnell bereit, alles zu tun, um seine Not aus der Welt zu schaffen. Das Mitleid ist verständlich. Werbeleute der Hilfsorganisationen haben längst gemerkt, daß Abbildungen von hungernden oder sonstwie leidenden Kindern die Herzen der Menschen erweichen und ihren Geldbeutel öffnen. Leiden gehört zum Leben, das wissen Kinder ganz genau, und wir sollten nicht versuchen, ihnen da etwas vorzumachen. Wir sollten den Mut aufbringen, mit ihnen darüber auf altersgemäße Art und Weise, das heißt nicht überfordernd, zu reden. Wir sollten aber den Kindern nicht weismachen wollen, hinter allem Leiden stecke ein Sinn. Es gibt Leiden, das mit dem besten Willen nicht als sinnvoll angeschaut werden kann. Auch das können Kinder zum Teil besser annehmen als wir Erwachsene.

In christlichen Familien könnte man in dieser Karwoche die Geschichte vom Sterben Christi erzählen, wobei es aber unbedingt erforderlich ist, auch die Ostergeschichte, das positive Ende, dazuzunehmen. Die sechsjährige Margot, ein sehr feinfühliges und phantasievolles Kind, hörte in der Sonntagschule die Geschichte von der Kreuzigung, ausgeschmückt mit vielen Details. Sie war so schockiert, daß sie lange Jahre keine biblischen Geschichten mehr hören wollte und erst in der Pubertätszeit an der christlichen Religion wieder Interesse hatte. Sicher war nicht nur jene Geschichte schuld daran, daß das Mädchen nichts mehr von der Bibel wissen wollte, doch sie gab den Ausschlag. Das zeigt, wie vorsichtig man sein muß mit Leidensgeschichten. In diesem Fall wurde sie offenbar auf eine nicht altersgemäße Art erzählt. Wenn Eltern selber Mühe damit haben, lassen sie es besser bleiben.

Es gibt viele vorösterliche Rituale, die gut von Kindern mitgemacht werden können. Die Erhaltung solcher Bräuche ist sehr sinnvoll, denn sie stiften Gemeinschaft, was in unserer Zeit, da die Gefahr der Vereinsamung und der Vereinzelung so groß ist, eine dringende Notwendigkeit ist.

Ostern

Das Fest der Auferstehung kann noch besser gefeiert werden, wenn das Leiden vorher auf irgendeine Weise bewußt gemacht wurde. Die Feier der Osternacht ist vor allem in katholischen Kirchen üblich, an diesem wunderschönen Ritual können schon dreijährige Kinder teilnehmen. Die üblichen Osterrituale sind allgemein bekannt, wie das Schmücken eines Osterbaumes, das Eierfärben, das Nestbauen für den Osterhasen. Ich meine, an diesen traditionellen Ritualen sollte man festhalten, außer sie bedeuten einem gar nichts mehr. Bevor man sie aber über Bord wirft, muß man sich fragen, ob das den Kindern entspricht und sollte in erster Linie ihre Gefühle ernst nehmen. Manchmal muß man da als Eltern über den eigenen Schatten springen. Wenn ein Ritual für mich unbedeutend geworden ist, heißt das noch lange nicht, daß es dem Kind nichts mehr wert ist. Das gilt ganz generell für kindliche Rituale.

Pfingsten

Für viele Leute bedeutet Pfingsten ein paar freie Tage, die man zu Ausflügen benützt. Viele Kinder charakterisieren dieses kirchliche Fest auf diese Weise, freuen sich deshalb darauf und hoffen auf gutes Wetter. In diesem Sinne kann Pfingsten ein gutes familiäres Ritual sein: „Immer an Pfingsten gehen wir Campieren", etc. Könnte es sich bei diesen Pfingstausflügen um ein Relikt aus vorchristlichem Brauchtum handeln, wo Flurumgänge und Umritte, gepaart mit Fruchtbarkeitsritualen, üblich waren? Ein Pfingstspaziergang kann durchaus zu einem Ritual mit religiösem Inhalt werden. So erklärte mir der achtjährige Thomas, daß er an Pfingsten immer mit seinem Vater einen Waldspaziergang machen dürfe. Man sehe dann besonders gut, wie der liebe Gott die Pflanzen wachsen lasse. Davor hatte der Junge große Ehrfurcht, welche ihm in erster Linie von seinem Vater vermittelt wurde. Wenn man unter dem Geist Gottes, der ja an Pfingsten über die Menschen ausgegossen worden sein soll, jene

Kraft versteht, welche Wachstum und neue Entwicklung ermöglicht, dann sind Rituale die Brücken dazu und in diesem Sinne immer religiös. Der göttliche Geist wirkt durch unsere Seele. Er ist die heilende Kraft, zu welcher wir mit Hilfe der Rituale einen Zugang finden könnten. Pfingsten verstehe ich auf diese Weise, und das Ritual von Thomas und seinem Vater macht daher Sinn.

Kirchliche Feste sind oft ortsgebunden (Verehrung bestimmter Heiliger, typisch reformierte Feste wie der Reformationssonntag, etc.). Oft ist es schwierig, die Kinder die Rituale der Erwachsenen miterleben zu lassen. Wenn sie den Eltern viel bedeuten, kann das Kind etwas davon spüren und soll, wenn es selber will, daran teilnehmen. Ich betone, falls es selber will. Niemals sollte man einem Kind ein Erwachsenen-Ritual aufzwingen.

Jahrmärkte, Kirchweihen, Stadt- oder Dorffeste

Selten spürt man bei diesen Anlässen noch etwas von einem rituellen Ablauf. Meistens sind es ungeordnete, laute Veranstaltungen, die hin und wieder chaotisch ausarten. Wo dies aber noch nicht so ist, lohnt es sich, als Eltern darüber Gedanken zu machen, wie man solch jährlich wiederkehrende Ereignisse rituell mitgestalten könnte. Der Sinn wäre wieder der, daß sich das Kind eingebunden fühlt in einer größeren Gemeinschaft als es die Familie je sein kann. Das wirkt sich positiv auf das Vertrauen ins Leben schlechthin aus. Solche Rituale können tausendfach verschieden sein: Man kann an diesem Tag bestimmte Speisen essen, die man sonst eher meidet, weil sie „ungesund“ sind; man kann die Schlafenszeit später ansetzen; man kann den Kindern mehr Taschengeld zukommen zu lassen und sie für bestimmte Aufgaben bezahlen, was man sonst nicht tut, etc.

Sicher gibt es noch andere Jahresanlässe, um die Rituale gestaltet werden könnten, und bestimmt könnten mir viele Eltern solche beschreiben, da sie ihnen gerade eben eingefallen sind. Man kann nie genug betonen, daß wir alle Rituale machen, ohne uns dessen bewußt zu sein.

RITUALE IN DER KINDERTHERAPIE

Die Psychotherapie mit Kindern und Jugendlichen hat für mich eindeutig den Charakter eines Rituals:

- Sie findet jede Woche am gleichen Tag zur gleichen Zeit statt.
- Es gelten ganz bestimmte Regeln, welche immer eingehalten werden müssen, zum Beispiel: Das Kind darf die Spiele frei wählen, es darf kein Sand verschüttet werden, oder am Schluß wird gemeinsam aufgeräumt, etc. Die Regeln werden vom Therapeuten zusammen mit dem Kind aufgestellt.
- Die Therapie dauert immer gleich lang, das heißt, die Zeit ist beschränkt und muß genau eingeteilt werden, damit ein Spiel nicht unbeendet abgebrochen werden muß.

Daß es sich bei einer Therapie um ein Ritual handelt, wird daraus ersichtlich, daß viele Kinder Stundenausfälle schlecht ertragen, was immer wieder von Eltern und Lehrern bestätigt wird. Die meisten Kinder reagieren mit verstärkten Symptomen, vor allem am Anfang einer Therapie. Zur Zeit, als die Therapiestunde hätte stattfinden sollen, setzte sich eine Junge zu seiner Mutter an den Tisch, weinte und sprach eine Stunde lang über seine Nöte. Das machte er nur, wenn die Stunde ausfiel. In diesem Falle war dies eine gute Gelegenheit, mit der Mutter ins Gespräch zu kommen.

Äußere Bedingungen sind wie ein Rahmenritual, dessen Form von der Therapeutin bestimmt wird und innerhalb dessen Platz besteht für die individuellen Rituale des Kindes. Nach dem Drei-Phasen-Modell der Übergangsriten von Van Gennep beschreibe ich die erste Phase, die *Trennungsphase*: Kinder werden oft von ihren Müttern zur Therapie gebracht, vor allem wenn sich diese im Anfangsstadium befindet. Mutter und Kind müssen sich für diese Stunde trennen. Vielen Müttern fällt dies begreiflicherweise schwer, da die meisten von ihnen Schuldgefühle haben, wenn sie ein Kind zur Therapie schicken müssen, weil es mit seinen Problemen nicht mehr zurechtkommt.

Immer wieder muß betont werden, daß wir Mütter nicht zu hohe Anforderungen an uns selber stellen sollten. Wir können nicht für alles verantwortlich gemacht werden und sind nicht allein zuständig für das Wohl unserer Kinder. Viele Probleme unserer Kinder werden durch die Umwelt, in der wir leben müssen, verursacht. Eltern können deshalb nur bedingt verantwortlich gemacht werden.

Auch Kinder haben manchmal Mühe mit dieser Trennungssituation. Es fällt ihnen leichter, wenn sie sich in einer rituellen Weise von der Mutter verabschieden können. Johanna, einem Mädchen von acht Jahren, dem der Abschied besonders schwer fiel, half folgendes Ritual: Die Mutter erklärte ihrer Tochter, was sie genau während dieser Stunde unternehmen werde, dann umarmten sich die beiden, und die Mutter schob Johanna ein Taschentuch von sich zu, das den Duft ihres Parfums trug. Damit nahm das Kind die Mutter symbolisch in die Therapiestunde mit. In diesem Ritual wird die noch sehr enge Beziehung von Mutter und Tochter deutlich. Zugleich wird aber auch spürbar, wie unsicher das Kind war, wie sehr es die Mutter kontrollieren mußte. In

Gesprächen mit der Mutter fand sich dafür eine Erklärung: Die Mutter war selber depressiv und wurde oft von Suizidgedanken gequält. Johanna spürte dies ganz genau, ohne daß die Mutter darüber sprach. Darum wollte sie wissen, was denn die Mutter während der Stunde mache. Die Mutter war dann bereit, ihrerseits eine Therapie zu machen, worauf das Ritual nach und nach verschwand. Mit dem Ritual machte Johanna deutlich, daß auch der Mutter geholfen werden müsse, daß sie selber in eine Therapie gehen sollte – und nicht nur symbolisch, im Taschentuch, an der Kindertherapie teilnehmen sollte.

Nicht alle Kinder brauchen ein derart ausgeprägtes Trennungsritual. Vielen genügt es, den Kaugummi herauszuspucken, andere schieben sich bei der Begrüßung einen neuen in den Mund und betonen damit den Unterschied zur Schule, wo das nicht erlaubt ist. Wieder andere deponieren einen persönlichen Gegenstand vor der Türe oder ziehen die Schuhe aus. Jedes Kind und auch jeder Jugendliche führt zu Beginn der Stunde ein ganz bestimmtes Ritual durch.

Die eigentliche Therapiestunde vergleiche ich mit der *Übergangsphase*. Hier soll den Kindern oder den Jugendlichen die Möglichkeit geboten werden, auf ihre Weise ihre Problematik darzustellen. Fühlen sie sich in diesem geschützten Raum der Therapie sicher und vom Therapeuten verstanden, können sie es wagen, ihre Verletzungen oder auch ihre unschönen Seiten anzuschauen, sei es im Gespräch oder im symbolischen Spiel. Wird der Zugang zu den eigenen heilenden und schöpferischen Kräften der Seele gefunden, werden neue Verhaltensweisen oder Lösungsstrategien möglich. (Die Rituale dieser Phase werde ich weiter unten genauer beschreiben.) Gegen Ende der Stunde kommt die

Abschlußphase oder, um bei unserem Modell zu bleiben, die *Wiederangliederungsphase*.

Dies ist ein ganz wichtiger Abschnitt der Therapiestunde. Oft ist es schwierig zu merken, wie lange ein Kind braucht, um aus einer Spielsituation wieder in die reale Welt zurück zu kehren. Mir ist schon passiert, daß ich ziemlich suggestive Methoden anwenden mußte, um ein Kind, das derart regredierte, aus diesem Bewußtseinszustand herauszuholen. Auch in dieser Situation sind Rituale hilfreich, denn sie ermöglichen sowohl dem Kind als auch dem Therapeuten, die Stunde abzurunden und sich für das ganz reale Leben wieder frei zu machen. Jedes Kind und jeder Jugendliche braucht da sein spezielles Ritual. Einige finden selber eines, andere brauchen dazu Hilfe. Viele Jugendliche, die vor allem sprechen, setzen sich plötzlich anders hin und geben mit ihrer Körperhaltung zum Ausdruck, daß die Stunde bald zu Ende ist. Manchmal beginnen sie ganz abrupt, von alltäglichen Dingen zu reden oder erzählen, was sie in der nächsten Stunde zu tun gedenken. Sie können von einem sehr intimen Gespräch ganz schnell auf Allgemeinplätze umschalten, manche brauchen dazu eine Viertelstunde. Anderen wiederum fällt das Aussteigen sehr schwer. Da pflege ich, auf die Zeit aufmerksam zu machen, sage etwa, daß wir nur noch fünf Minuten hätten und versuche dann das Gespräch abzuschließen und vielleicht auf den Alltag zu bringen. Kinder machen zum Schluß oft ein ganz bestimmtes Spiel, welches sich manchmal im Laufe der Therapie ändert. Ein kleines Mädchen, das große Mühe hatte, die Stunde zu beenden, setzte sich auf das Schaukelpferd, und wir vereinbarten, wie lange es schaukeln dürfe, bis es „zu Hause" sei. In diesem Ritual wird deutlich, wie weit sich das Mädchen während der Therapiestunde von seinem Alltag entfernte. Je bewußter der Kleinen ihre besondere Problematik wurde und je besser sie diese im Alltag zu lösen verstand, desto kürzer wurden die Ritte auf dem Schaukelpferd.

Einem anderen Mädchen, das von seinen Problemen, die es im Alltag verdrängen mußte, und von denen es völlig überschwemmt wurde in der Stunde, erzählte ich zum Schluß jeweils ein Märchen mit einem guten Ausgang. Gesammelt konnte das Mädchen dann in seine reale Welt zurückkehren.

Ein kleiner Junge, der sich in der Stunde sehr wohl fühlte, pflegte in den letzten Minuten zu betonen, wie langweilig es bei mir sei, daß ich doof sei und er nicht wisse, ob er nochmals kommen wolle. Dabei stellte er sich vor mich hin, wippte leicht vor und zurück, die Hände in den Hosentaschen. Ich sagte dann, daß es für ihn wohl sehr schwierig sei zu kommen, da er mich so gar nicht möge und es bei mir so uninteressant sei. Ich verstünde zwar, wenn er nicht mehr käme, würde es aber sehr bedauern, da ich ihn einen besonders netten Jungen fände. Jede Woche erschien der Kleine wieder mit strahlendem Gesicht ... Indem er die Therapie und mich schlecht machte, konnte er sich besser lösen und in seinen Alltag zurückgehen, der für ihn damals sehr beschwerlich war. Das Ritual verlor sich gegen Ende der Therapie, als der Junge die Stunde bei mir nicht mehr nötig hatte.

Es kann durchaus vorkommen, daß dieses „Rahmenritual" geändert werden muß, dann nämlich, wenn eine Therapie über lange Zeit stagniert. Dazu ein Beispiel: Emil kam wegen schulischer Schwierigkeiten in die Therapie. Er konnte keine Leistungen erbringen und wurde als „faul" bezeichnet. In der Therapie suchte sich der 12jährige Spiele aus, die für 5jährige gedacht waren. Es wurde deutlich, daß bei Emil in jener Phase nicht alles optimal entwickelt worden war. Die Spiele gefielen ihm so gut, daß er gar keine Lust zeigte, sich altersgemäß zu entwickeln. Psychologisch heißt das, er blieb in der Regression stecken. Das geschieht hin und wieder, und es ist dann für eine Therapeutin immer sehr schwierig zu beurteilen, ob sie eingreifen oder ob besser noch zugewartet werden soll. Nun, nach einem Jahr, glaubte ich, Emil hätte nun genug das kleine Kind gespielt. Ich änderte das Rahmenritual, indem ich Emil erklärte, daß er nun schon so groß sei, daß wir am Anfang und am Schluß der Stunde über die Schule sprechen könnten, zum Spielen bliebe dazwischen noch genug Zeit. Emil akzeptierte, da er merkte, daß die Therapie ihm wenig half. Zum Sprechen setzten wir uns in die Ecke für Erwachsene, zum Spielen an den Kindertisch. Die Spielzeiten wurden von Emil bald nicht mehr benötigt, und schon nach wenigen Wochen konnte die Therapie beendet werden. Das neue Ritual half Emil, relativ schnell aus seiner Regression herauszukommen und Zugang zu seinen progressiven Kräften zu finden. Das ist aber nur möglich, wenn solche Kräfte bereit sind und nur noch geweckt werden müssen. Versucht man zu früh, mit Hilfe eines Rituals eine Veränderung herbeizubringen, ergeht es einem wie den Prinzen im Dornröschen, welche in der Dornenhecke stecken blieben, da die hundert Jahre noch nicht erfüllt waren.

Ritualbeispiele aus Therapiestunden:

Es gibt Kinder, die sehr schnell ihr Ritual finden. Diese Therapien zeigen in der Regel bald gute Resultate. Es scheint, daß mit dem Ritual der Zugang zu den schöpferischen Kräften bald geweckt werden und sich ihre heilende Wirkung schnell zeigen kann. Andere Kinder haben Mühe, die Stunde zu gestalten, und es braucht dann die Hilfe des Therapeuten, damit sie sich nicht in chaotischem Tun verlieren. Ich werde mich im folgenden nur auf die Rituale in der Therapie beschränken: alles andere, was auch noch zu einer Therapie gehört, zum Beispiel die Arbeit mit den Bezugspersonen, werde ich nicht erwähnen.

Rituelles Märchenerzählen

Die 11jährige Milena kam mit deutlichen Zeichen frühkindlicher und sozialer Verwahrlosung in die Therapie. Ihre Schulleistungen waren trotz guter Intelligenz unterdurchschnittlich, und Milena mußte eine Sonderschule besuchen. Dort fiel sie durch sehr freches Benehmen auf. Zu Hause schrie sie bei der kleinsten Anforderung, warf sich dabei auf den Boden und stampfte, wenn etwas nicht so ging wie sie wollte. Die Belastung für Eltern und Lehrer wurde so groß, daß Milena in ein Heim eingewiesen werden mußte. In der Therapie verliefen die Stunden schon bald nach einem wiederkehrenden Muster: Milena bat mich, ihr Märchen vorzulesen. Ich begann, die verschiedensten Volksmärchen vorzulesen, und schließlich fanden wir das passende Märchen. In dieser Geschichte wurde die Problematik von Milena geschildert sowie eine positive Lösung des Problems. Da es ein kurzes Märchen war, mußte ich es oft fünfmal vorlesen. Milena saß mit glänzenden Augen daneben. Manchmal zeichnete sie Szenen aus dem Märchen, manchmal kritzelte sie irgendwelche Schnörkel. Am Ende der Stunde machten wir immer noch ein Kartenspiel. Dieses Therapie-Ritual erstreckte sich über beinahe zwei Jahre. Milena entwickelte sich während dieser Zeit gut. Die Wutanfälle verschwanden, die Beziehung zu den Eltern änderte sich zum Guten, und auch die Schulleistungen verbesserten sich. Von all diesen Dingen war in der Therapie kaum einmal die Rede, das Märchenerzählen stand im Vordergrund. Das war nur möglich, da Milena im Heim erzieherisch außerordentlich gut betreut wurde. Als es Milena immer besser ging, verschwand das Therapieritual mehr und mehr. Nur in ganz seltenen Fällen wollte sie das Märchen wieder hören. Ich wußte dann, ohne daß Milena davon erzählen mußte, daß sie wieder einmal einen Rückfall erlitten hatte. Klang ihre Krise ab, verschwand auch das Märchen aus der Therapie. Milenas selbstheilende Kräfte wurden durch das Märchen-Ritual gestärkt, doch nur indem es wieder und wieder vollzogen wurde. Das Ritual begleitete einen schwierigen und langwierigen Entwicklungsprozeß und verschwand, nachdem dieser abgeschlossen war.

Rituelles Essen

Der 11jährige Erwin kam in die Therapie, weil er ein Außenseiter war, den man kaum beachtete. Er war in der Schulklasse wie nicht vorhanden, und seine Eltern machten sich große Sorgen um ihren einzigen Sohn. Am meisten ärgerten sie sich über seine schlechten Schulleistungen, und auch sonst wußten sie wenig Positives über ihren Sohn zu sagen. Erwin fiel mir durch seine Unsicherheit auf und sein geringes Selbstwertgefühl. Er zuckte oft die Schultern und wiederholte ständig „ich weiß halt nicht ...“. Erstaunlicherweise wußte er dann aber sehr schnell, was er in der Therapie wollte. Er bat mich, Schokoladenriegel zu kaufen, von denen er anfangs der Stunde sechs, manchmal acht Stück verschlang, und gleichzeitig erzählte er von brutalen Videos, die er sich bei einem Kameraden ansehe. Nach dem Essen wollte Erwin meist noch ein Spiel machen, wobei ihm egal war, wer gewann. Das Schokoladenessen blieb bis gegen den Schluß der Therapie wichtig. Eines Tages teilte er mir mit, daß er nun so viel Schokolade gegessen habe, daß er die Therapie nicht mehr brauche, zumal er mir damit gewiß große Kosten verursacht habe. Erwin holte sich mit seinem Ritual Süßigkeiten, auch im übertragenen Sinne – er stärkte sich. Die Video-Geschichten waren erfunden, wie es sich dann herausstellte. Damit hatte er den Eindruck vermittelt, er sei ein kleiner Held. Einerseits weil er es wagte, etwas zu tun, was seine Eltern sicher nicht erlaubt hätten, und andererseits weil er sich schreckliche Dinge ansah, ohne dabei Angst zu empfinden. Zum Teil identifizierte er sich mit den Schlägertypen, weil er selber sehr aggressionsgehemmt war. Der Sinn eines Rituals kann nie ganz ausgelotet werden, was weiter auch nicht schlimm ist, denn was zählt ist einzig, daß es nützt. Erwin entwickelte sich in der Folge gut, sowohl im sozialen als auch im schulischen Bereich.

Rituelles Töten

Der 13jährige Sandro wurde mit Anzeichen großer sozialer Verwahrlosung in die Therapie geschickt. Trotz normaler Intelligenz verstand er es nicht, sich in richtigen Sätzen auszudrücken. Sandro wirkte für sein Alter klein, schwach und sehr kindlich. Er konnte von seinem Erleben kaum etwas erzählen und hatte auch Mühe, Ereignisse zeitlich einzuordnen. In der Therapiestunde konnte sich Sandro zu nichts entschließen. Er ging im Zimmer umher, nahm mal dies, mal jenes in die Hände und warf es wieder hin. Er ergriff Sandspielfiguren, und versuchte sie zu zerbrechen. Dann nahm er den Handbohrer und wollte wahllos Löcher bohren. Bei all dem Tun stellte er unzählige, kaum verständliche Warum-Fragen, ohne je auf meine sorgfältig formulierten Antworten einzugehen. Ich kam ins Schwitzen und hatte das Gefühl, gegen ein Chaos antreten zu müssen. Schließlich, nach drei

Monaten, schlug ich dem Jungen vor, ein Sandbild zu gestalten. Dazu stellt man dem Kind einen Sandkasten zur Verfügung, der gerade so groß wie das Blickfeld ist. In diesem Sand, der naß oder trocken sein kann, je nach Wunsch des Kindes, kann ein Bild gestaltet werden, wozu viele Figuren, Menschen, Tiere, Häuser, Fahrzeuge, Pflanzen und vieles mehr zur Verfügung stehen. Ich hoffte, Sandro könne seinem inneren Chaos Ausdruck geben und es zugleich in diesem abgegrenzten Raum in Schach halten. Sandro stellte zunächst sämtliche Kühe, etwa 25 Stück, sorgfältig in den Sand. Das dauerte lange Zeit, und am Schluß der Stunde strahlte Sandro. In den folgenden fünf Wochen gestaltete Sandro Kuhweiden im Sand, was immer eine Stunde dauerte. Jedesmal ging Sandro strahlend und zufrieden heim. Nach dem Kuhweiden-Ritual, wie ich es nannte, wandte sich Sandro den Spinnen, Schlangen, schwarzen Käfern, kurz den grausligen Tieren zu. Auch diese legte er zuerst sorgfältig in den Sand, dann aber begann er sie zu töten. Er erwürgte sie oder schaufelte sie mit Sand zu. Bei seinem Tun, das immer eine ganze Stunde dauerte, sprach er leise und unverständlich vor sich hin. Mehrere Monate gestaltete Sandro seine Stunden immer auf diese Weise. Dann aber sagte er plötzlich klar und deutlich, von nun an wolle er basteln, was wir dann auch taten. Sandros Lehrerin rief mich an und fragte mich erstaunt, was wohl mit dem Jungen los sei. Der Junge könne plötzlich Ordnung halten, vergesse seine Sachen nicht mehr zu Hause und könne nun auch leidlich gut rechnen.

Um besser zu verstehen, was die Rituale bedeuteten, muß etwas zu Sandros Umgebung gesagt werden. Er lebte allein mit seiner Mutter, welche er sehr liebte. Sie war oft krank und mußte, gerade zu Beginn der Therapie, für ein halbes Jahr ins Spital. Sandro sah sie nur selten. Inzwischen wurde er von einem bekannten Ehepaar betreut. Doch gerade zu dieser Zeit wurden dessen Eheschwierigkeiten so groß, daß sie zur Scheidung führten. Für alle eine äußerst unglückliche Situation, die sich auf Sandro besonders belastend auswirkte. – Mit den Kühen schuf sich Sandro symbolisch eine „gute Mutter-Welt“. Kühe können Nahrung und Wärme spenden, das was Sandro so sehr entbehrte in dieser Zeit. Als in ihm diese bedürftige Seite gestärkt worden war, konnte er sich der negativen Seite, den giftigen, verschlingenden Chaostieren zuwenden. Indem er sie tötete, überwand er sein inneres Chaos und konnte deshalb in seinem Alltag besser Ordnung schaffen, bekam Kräfte frei zum Lernen und Basteln. Eindrücklich war, wie lange der Junge das selbe Ritual vollzog und mit welcher Disziplin er dabei blieb.

Für mich ist es immer wie ein kleines Wunder, wenn ich einen solchen Prozeß mitverfolgen und erleben kann, wie stark die heilenden Kräfte in den Kindern sind, falls sie Gelegenheit bekommen, sich einen Weg zu bahnen.

Geburtstagsritual

Der zehnjährige Renato, der seit einem Jahr bei mir in Therapie war, verkündete mir an Weihnachten, daß er nur noch bis Ostern kommen werde. Ich war ein wenig erstaunt, weil ich fand, das Therapieziel sei noch lange nicht erreicht. Renato kam in die Therapie, weil er sowohl mit seinen Eltern als auch mit dem Lehrer und seinen Kameraden dauernd im Streit lag. Er fühlte sich zutiefst abgelehnt und reagierte seinerseits mit heftigen Aggressionen. Gewiß hatte sich das Symptom seit Beginn der Therapie ein wenig gebessert, doch noch nicht befriedigend. Renato kam gern in die Therapiestunde, weshalb mich seine Äußerung noch mehr erstaunte, zumal auch seine Eltern keineswegs an einen Abbruch dachten.

In der Zeit von Neujahr bis Ostern fertigte der Junge aus Plastilin kleine Teller, Krüge und Schüsseln an und füllte sie mit den köstlichsten Speisen, die natürlich aus Plastilin bestanden. Renato sagte, er bereite ein Geburtstagsessen vor. In der letzten Stunde vor Ostern feierten wir zusammen Geburtstag. Wer Geburtstag hatte, wußte Renato nicht zu sagen. Als ich ihn fragte, ob das vielleicht eine Geburt von etwas in ihm selber sein könnte, sah er mich erstaunt an und fand nach einigem Nachdenken, daß das schon möglich sei, nur wisse er noch nicht was. Das ganze Plastilinmahl wurde dann sorgfältig verpackt und vom Jungen nach Hause genommen, als Erinnerung. Damit war die Therapie abgeschlossen. An Renatos Verhalten hatte sich bis zu diesem Zeitpunkt wenig verändert. Mit dem Geburtstagsfest schien aber doch neues Leben geboren worden zu sein. Eine neue seelische Kraft. Die Schwierigkeiten des Jungen begannen nun plötzlich, innerhalb einiger Wochen zu verschwinden, und es gab nie mehr einen Rückfall in sein altes Verhalten. Mit dem lange vorbereiteten Geburtstagsritual gab Renato deutlich zu erkennen, daß sich in ihm etwas ändern würde. Während Monaten arbeitete der Junge auf etwas hin, das ihm selber nicht bewußt war. Er wußte einfach, daß am Schluß die Therapie fertig sein und ein Geburtstag gefeiert werden würde. Er ließ sich von unbewußten Impulsen leiten.

Immer wieder beobachte ich, daß Kinder sehr genau spüren, was sie brauchen und wie lange eine Therapie dauern soll. Man kann sich da ganz auf das Kind verlassen und darf sich niemals störend in seinen Prozeß einmischen.

Tod und Wiedergeburt

Die 11jährige Eva kam mit deutlich depressiven Verstimmungen in die Therapie. Sie war oft müde und krank, und die Schulleistungen wurden rapide schlechter. Als Eva fünf Jahre alt war, starb ihre Mutter unerwartet schnell an einer heimtückischen Krankheit. Es schien, als ob Eva sich damit sehr schnell abgefunden hätte. Der Vater erinnerte sich nicht, daß es einmal eine schwierige Zeit gegeben hätte; er hatte vielmehr den Eindruck, seine Tochter hätte den Verlust besser verkraften können als er selber. Eva lebte während der Woche bei einer alleinstehenden Frau, welche sich sehr um das Mädchen bemühte. Das Wochenende verbrachte Eva beim Vater.

Eva fand sofort ihr Therapieritual, das sie während eines Jahres wöchentlich einmal ausführte: Zuerst kochten wir zusammen Pudding und stellten ihn zum Abkühlen vors Fenster. Anschließend wandte sich das Mädchen dem Sand zu. Er mußte immer trocken sein. Die Sandbilder wurden fast immer gleich gestaltet. Die Figuren waren immer dieselben, wechselten kaum den Standort. Die Bilder bezeichnete Eva als Parks, aber eigentlich waren es Friedhöfe. Unter den Figuren befanden sich spielende Kinder und kleine Hunde, auf einem Bänklein saß ein einsamer Mann. Dann legte Eva an jeden freien Platz im Sand einen Stein, „Grabsteine", wie sie diese nannte. Nachdem Eva ein solches Sandbild gestaltet hatte, war sie jeweils sichtlich erschöpft. Sie aß dann Pudding, und wir plauderten über dieses und jenes. In diesem Jahr wurde das Mädchen für seine Umgebung immer schwieriger. Die Schulleistungen wurden noch schlechter, Eva wurde mürrisch, war fast immer schlecht gelaunt und tyrannisierte damit vor allem die Pflegemutter, welche sich alle erdenkliche Mühe gab, das Mädchen bei guter Laune zu halten. Für mich war klar, daß sich Eva in einem Trauerprozeß befand, den es auszuhalten galt. Nach einigen Monaten begann sie, über unerklärliche Traurigkeit zu klagen. Dann kam die Wende: Eva gestaltete die Stunde wie gewohnt, stellte aber zum Schluß mitten ins Sandbild ein Ei. Sie sagte, das sei ein „Welt-Ei", aus dem die ganze Welt herauskomme. Ich bin sicher, daß Eva noch nie etwas von einem Schöpfungsmythos gehört hatte, nach dem die ganze Welt aus einem Ei entstanden sei. In der folgenden Stunde legte Eva an die Stelle des Eies eine Lotusblume, welche sie als Wunderblume bezeichnete. Auch die Lotusblume findet man in Schöpfungsmythen als Ursprung der Welt.

Symbole aus den verschiedensten Schöpfungsmythen der verschiedensten Religionen und Kulturen finden sich in Sandbildern, ohne daß die Kinder je etwas von diesen Geschichten gehört hätten. Diese Bilder kommen aus tiefsten seelischen Schichten und künden immer einen wichtigen Entwicklungsschritt an, oder neues Leben schlechthin.

Das war das letzte Sandbild von Eva. Jetzt konnte sie plötzlich über die verstorbene Mutter sprechen, wobei viele verschüttete Erinnerungen wach wurden. Eva ist nun nicht mehr müde oder krank. Sie hat wieder Kräfte frei zum Lernen und muß ihre Mitmenschen nicht mehr mit schlechten Launen tyrannisieren.

An diesem Beispiel wird deutlich, wie durch ein Ritual eine Problemsituation ausgedrückt und schließlich bewältigt werden kann. Eva mußte einen verpaßten Trauerprozeß nachholen, bevor den neuen, schöpferischen Symbolen, dem „Welt-Ei" und dem „Lotus", der Weg gebahnt werden und die stagnierte Entwicklung von Eva weitergehen konnte.

„Ich bin erwachsen“

Unter dieses Motto möchte ich ganz allgemein die Rituale von Jugendlichen in der Therapie stellen. Bei ihnen verlaufen die Stunden deutlich anders als bei Kindern, wobei die Altersgrenzen fließend sind, wie wir es im Kapitel über die Pubertät gesehen haben. Die Rituale der Jugendlichen sind nicht so augenfällig wie diejenigen der Kinder. Jugendliche setzen sich in der Regel in die schon erwähnte Gesprächsecke. Sie wollen über ihre Probleme reden und in dieser Weise für erwachsen genommen werden. Viele von ihnen lehnen es ab, sich einem kreativen Medium wie dem Sand, dem Malen oder dem Ton zuzuwenden. Das sind Dinge, die Kinder tun, diese Zeit liegt nun weit zurück. Je näher die Jugendlichen ihrer Kindheit stehen, desto mehr müssen sie das Erwachsensein, oder mindestens das, was sie darunter verstehen, betonen. Desto mehr lehnen sie es ab, in der Therapie Kreatives zu tun. Das hat damit zu tun, daß sie sich noch sehr unsicher fühlen, noch nicht recht wissen, wo sie hingehören. Schaut man aber den Verlauf der Gespräche genauer an, kann man feststellen, daß sie bei jedem nach einem bestimmten, ganz persönlich gefärbten Schema verlaufen. Während der Therapie ändert sich das Schema – oder anders ausgedrückt das Gesprächsritual – meistens. Das bedeutet, daß der junge Mensch sich weiterentwickelt, was das Ziel jeder Therapie ist.

Ich hoffe, mit obgenannten Beispielen ist deutlich geworden, daß Rituale in der Therapie helfen, in tiefsten seelischen Schichten Kräfte zu mobilisieren, die eine Weiterentwicklung ermöglichen.

ZUSAMMENFASSENDE GRUNDREGELN

Ich hoffe, es ist mir durch die vielen Beispiele gelungen, Eltern und Erzieher(innen) dazu anzuregen, ihre Kinder genauer zu beobachten, ihre Rituale zu respektieren und diese vielleicht auch besser zu verstehen. Einige mir wichtig erscheinende Punkte möchte ich hier nochmals erwähnen:

> Rituale treten ganz spontan auf in kindlichen Problemsituationen. Sie sollen von den Eltern weder verboten noch unterdrückt oder gar lächerlich gemacht werden.
>
> Rituale, die sich entwicklungshemmend oder gar zerstörerisch auswirken, soll man vorerst genau zu verstehen versuchen. Sind sie etwa ein Notsignal? Hilfreich kann es sein, sie mit einer Drittperson zu besprechen und dann nach Lösungen zu suchen, wie sie durch fördernde Rituale ersetzt werden könnten.
>
> Rituale können selber erfunden werden, eventuell zusammen mit dem Kind oder in der Familie.
>
> Rituale, die sinnentleert sind, sollen entweder mit neuen Inhalten gefüllt oder ganz weggelassen werden.
>
> Niemals soll einem Kind ein Ritual aufgezwungen werden. Damit zerstört man Vertrauen und erzeugt unnötige Abwehrmechanismen.

LITERATUR

Branca, Luisa: Mond-Tanz-Magie. Verlag Frauenoffensive, München 1986.

Canacakis, Jorgos: Ich begleite dich durch deine Trauer. Kreuz-Verlag, Zürich 1990.

Eliade, Mircea: Das Mysterium der Wiedergeburt. Rascher-Verlag, Zürich 1961.

Eliade, Mircea: Gefüge und Funktion der Schöpfungsmythen. Aufsatz aus „Quellen des Alten Orients". Einsiedeln.

Gennep, Van, A.: Übergangsriten. Campus-Verlag, Frankfurt 1981.

Göttner-Abendrot, Heide: Die tanzende Göttin. Verlag Frauenoffensive, München 1984.

Graichen, Gisela: Die neuen Hexen. Campus-Verlag, Frankfurt 1986.

Guggenbühl Allan: Die unheimliche Faszination der Gewalt. Schweizer Spiegel-Verlag, Zürich 1993.

Jacobi, Jolanda: Psychologie von C. G. Jung. Walter-Verlag, Olten 1971.

Jung, C. G.: Bewusstes und Unbewusstes. Fischer-Taschenbuch, Frankfurt 1962.

Jung, C. G.: Gesammelte Werke. Band 5 und 17. Walter Verlag, Olten 1973.

Kast, Verena: Wege aus Angst und Symbiose. Märchen als Therapie. Walter-Verlag, Olten 1985.

Maeder H. / Kruker R.: Hirten und Herden. Walter-Verlag, Olten 1983.

Mahler M. / Pine / Bergmann: Die psychische Geburt des Menschen. Fischer-Verlag, Frankfurt 1980.

Müller, Lutz: Magie. Kreuz-Verlag, Zürich 1989.

Neumann, Erich: Das Kind. Bonz-Verlag, Fellbach 1980.

Obreist, Willy: Die Mutation des Bewusstseins. Peter Lang-Verlag, Bern 1980.

Richter, Horst E.: Eltern, Kind und Neurose. Verlag rororo, Hamburg 1969.

Stierlin, Helm: Delegation und Familie. verlag ex libris, Zürich 1981.

Winnicott: Vom Spiel zur Kreativität. Klett-Cotta-Verlag, Stuttgart 1971.

Zöllner, Ulrike: Die Kinder vom Zürichberg. Kreuz-Verlag, Zürich 1994.

Lebenshilfe

Karin Lichtenauer
Mütter sind ganz besondere Frauen
Für alle Muttertage des Jahres
160 Seiten, gebunden mit Schutzumschlag
ISBN 3-451-23639-7
Für alle, die einer Mutter eine Freude machen wollen.

Norbert Gürtler/Doro Kammerer
Stillwerden und Entspannen
Vorlesegeschichten zum autogenen Training für Kinder
128 Seiten, Paperback
ISBN 3-451-23638-9
Überreizte Kinder – Autogenes Training schafft tiefgreifende Erfolge.

Diane Komp
Liebe reicht ins Land des Schattens
Welche Hoffnung kranke Kinder schenken – Erfahrungen einer Kinderärztin
128 Seiten, Paperback
ISBN 3-451-23613-3
Erfahrungen mit Kindern, die tief berühren: Wie Krisen neue Kräfte freilegen können.

Claudia Guderian
Wo komm ich eigentlich her?
Eine Adoptierte auf der Suche nach ihren Wurzeln
192 Seiten, Paperback
ISBN 3-451-23523-4
Eine adoptierte junge Frau findet auf der spannenden Suche nach ihrer Herkunft die Wahrheit und vor allem: sich selbst.

Christian Mayer/Daniela Liebich
Wenn Mann ein Kind bekommt
Was werdende Väter in der Schwangerschaft erleben
160 Seiten, gebunden mit Schutzumschlag
ISBN 3-451-23522-6
Das ultimative Geschenkbuch für werdende Väter.

Herder

Menschenskinder

Armin Krenz
Kinderfragen gehen tiefer
Hören und verstehen, was sich hinter Kinderfragen verbirgt
Band 4357
Eltern kommen ihren Kindern näher, wenn sie richtig auf die Fragen ihrer Kinder eingehen können.

Eva Zoller
Die kleinen Philosophen
Vom Umgang mit „schwierigen" Kinderfragen
Band 4344
Typische Kinderfragen können einem häufig die Sprache verschlagen. Eva Zoller erschließt den „Großen" neue Möglichkeiten, ihren „Kleinen" zu begegnen.

Karin Neuschütz
Lieber spielen als fernsehen
Alternativen, die Kindern mehr Spaß machen
Band 4315
Wußten Sie, daß sich Kinder immer fürs Spielen statt fürs Fernsehen entscheiden würden? Tips und Anregungen.

Bruno Bettelheim
Zeiten mit Kindern
Band 4292
Hier sind die praktischen Erkenntnisse des bekannten Kinderpsychologen, sowie seine tiefsten und schönsten Einsichten in einem Werk zusammengeführt.

Maria Montessori
Kinder lernen schöpferisch
Die Grundgedanken für den Erziehungsalltag mit Kleinkindern
Band 4262
Vom Kind aus denken! Dieser Ansatz der genialen Pädagogin und Begründerin der Montessori-Schule hilft Eltern, Kinder als eigenständige Individuen zu fördern.